오페라를 사랑하시고 늘 후원해 주신 고(故)이운형 회장님께 이 책을 헌정합니다.

오페라 속의 미학 IV

오페라 속 인간, 그 내면의 여정

초판 1쇄   2025년 8월 21일
지은이   음악미학연구회 엮음
                이용숙 · 오희숙 책임편집

발행인   강정미
발행처   모노폴리

출판등록   제2023-000054호 / 2008년 5월 21일
주소   경기도 파주시 회동길 480 아트팩토리 B동 437호
전화   031-944-6692
팩스   031-044-6000
홈페이지   www.mpmusic.co.kr

ISBN 978-89-91952-47-8 94670 [세트]
        978-89-91952-93-5 94670

세아
이운형
문화재단
총서

———

015

오페라 속의 미학 IV

오페라 속 인간, 그 내면의 여정

음악미학연구회 엮음

이용숙 · 오희숙 책임편집

모노폴리

서문

"좋은 영혼을 즐겁게 하기 위해 인간이 만들어 낸 모든 방법 중에서 오페라가 아마 가장 완벽하고 의미 있는 방법일 것이다." 계몽주의 시대의 철학자이자 시인이었던 알가로티(A. Algarotti)의 말처럼, 오페라는 인간의 삶에 큰 즐거움을 준다. 하지만 거기에서 끝나지 않는다. 극장에 울려 퍼지는 아름다운 아리아, 장대한 오케스트레이션, 그리고 극 속 침묵까지도 음악이 되는 시간. 현장의 감동이 차고 넘치지만, 오페라는 '순간'의 감동에 그치지 않고 보다 영구적으로 곱씹을 수 있는 진지한 테마들을 제시한다. 오페라 속에 펼쳐지는 인간 내면의 가장 깊고 복잡한 감정, 역동적인 사회적 현실, 이상을 향해 나아가는 소시민의 치열한 사유 등, 오페라가 끝난 순간 진짜 오페라가 시작되는 것이다.

이러한 오페라의 매력과 아름다움, 그리고 미학적 의미를 탐구하는 [오페라 속의 미학 시리즈]가 이번에 네 번째 책을 발간하게 되었다. '몬테베르디에서 진은숙까지'를 다룬 제1권(2017)에서는 현대를 살아가는 우리에게 생각할 거리를 던져주는 아홉 편의 오페라를 다루었고, '오페라, 낯선 사람을 통역하다'를 주제로 한 제2권(2019)에서는 사랑이 불가능한 시대에 사랑을 이야기하는 오페라 열한 편을 연구하였다. 제3권(2022) '오페라, 동아시아의 목소리를 담다'에서는 한국과 동아시아의 오페라 여덟 편을 다루며, 이제 오페라가 한국과 아시아에서 독자적인 예술 장르로 자리잡고 있음을 알 수 있었다. 이제 제4권(2025) '오페라 속 인간, 그 내면의 여정'은 인간의 실존과 내면에 대해 사유하는 오페라 아홉 편을 탐구했다.

이번에 독자를 만나게 되는 제4권에서는 18세기부터 21세기에 이르는 시간의 흐름 속에서 인간의 내면과 인간을 둘러싼 생생한 현실을 파헤친 오페라를 만날 수 있다. 모차르트의 〈궁전탈출〉(우혜언)에서는 기존의 '후궁에서의 도피'라는 해석과는 다르게 튀르키에에 빠진 유럽의 모습과 새로운 오스민을 다루었으며, 모차르트의 〈마술피리〉(이혜진) 역시 기존의 해석과 차별화하여 선악이 해체된 시대비판으로서의 〈마술피리〉를 제시하였다. 오페라의 단골 주제인 '사랑'을 전율적으로 보여주는 베르디의 〈라 트라비아타〉(유선옥)는 베르디가 연인에게 건네는 위로로서 작품을 이해하며 해석하였고, 벨리니의 〈청교도〉(이용숙)는 벨칸토의 단순하고 명료한 선율이 주는 음악적 힘을 논한다. 반면 21세기 들어 오페라에는 죽음과 사회에 대한 진지한 고민이 등장하였고, 이는 브리튼의 〈루크레티아의 능욕〉(장유라)과 침머만의 〈병사들〉(조유경)에서 잘 나타난다. 고대 로마의 전설적인 사건을 토대로 하여 인간의 사랑과 죽음을 단순한 개인의 비극을 넘어 정치 체제의 변화를 가져온 역사적 사건으로 다룬 〈루크레티아의 능욕〉, 독일 현대사의 맥락에서 기존의 사회적 체제에 저항하는 비판성을 보여주는 〈병사들〉은 인간과 사회의 끈끈한 관계를 드러내고 있다. 한국의 작곡가로 독일에서 활동하는 박영희의 〈길 위의 천국〉(이민희)에서는 삶과 종교가 만나는 영적인 공간을 발견하였다. 오페라의 현대적 변모는 카츠-셔닌의 텔레비전 오페라 〈이혼〉(강예린)과 렉 미란다의 〈람페두사〉(김예림)에서 찾을 수 있다. 텔레비전 연속극과 오페라가 결합하여 장르와 매체의 경계넘기를 시도한 〈이혼〉에서는 일상성과 오페라적 서사가 어떻게 연결되었는지를 새롭게 제시하고 있으며, 셰익스피어의 『템페스트』를 전자음악적으로 재해석한 〈람페두사〉를 통해 테크놀로지와 오페라의 본격적인 만남을 탐구하였다.

이렇게 오페라는 끝없는 이야기로 아름다움과 삶의 진정성을 우리에게 전하고 있으며, 바로 이러한 오페라의 의미를 네 권의 [오페라 속의 미학 시리즈]를 통해 진지하게 사유할 수 있을 것이다.

이 책이 나오기까지 많은 분들의 땀과 정성이 함께 했다. 무엇보다도 오랜 시간 긴 작업을 함께해 준 필자들에게 진심으로 감사드린다. 원고를 마무리한 후에도 여러 번의 교차 수정 작업을 하였는데, 늘 적극적으로 참여해 좋은 의견을 준 필자들의 열의 덕분에 이번 책도 잘 마무리할 수 있었다. 복잡한 교정 작업에도 힘든 내색 없이 편집 작업을 진행하면서, 예쁜 책을 만들어 준 모노폴리 출판사의 배상연 대표님께도 감사드린다.

마지막으로 긴 시간 동안 지속적인 애정과 관심을 보내주시며 음악미학연구회를 응원해 주신 세아이운형문화재단의 박의숙 이사장님께 깊은 감사의 말씀을 드린다. 한국 오페라계에 큰 지원을 아끼지 않으셨던 고(故)이운형 회장님의 오페라에 대한 사랑이 [오페라 속의 미학 시리즈]를 통해 잊혀지지 않기를 바란다.

2025년 책임편집자
이용숙, 오희숙

목차

목차

제1장

동서양의 '뜻밖의 만남'
모차르트의 〈궁전탈출〉(1782)

글 · 우혜언

〈작품 정보〉

작곡: 볼프강 아마데우스 모차르트(Wolfgang Amadeus Mozart, 1756-1791)

대본: 요한 고트리프 슈테파니(Johann Gottlieb Stephanie d. J., 1741-1800)

대본 브레츠너(Ch. F. Bretzner), 작곡 안드레(J. Andre), 〈벨몬트와 콘스탄체〉(1781, 베를린)

초연: 1782년 7월 12일, 빈(Wien) 부르크테아터(Burgtheater)

작품 배경: 16세기 중반, 튀르키예 어느 연안

구성: 3막

1. 오페라 〈궁전탈출〉

2. '튀르크리'에 빠져든 유럽

3. 차별화된 오스민(Osmin)

4. '노래하지 않는' 셀림의 관용 그리고 화해와 경의의 보드빌

맺음말

동서양의 '뜻밖의 만남'
모차르트의 〈궁전탈출〉(1782)

글 · 우혜언

오스만 제국의 고관 태수는 왜 콘스탄체와 그 일행을 풀어주었을까?[1] 파샤 셀림이 원래 튀르키예인이 아닌 스페인 귀족이기 때문인가? 오페라 제목만큼이나 혼란스러운 결말은 좌충우돌을 겪는 남녀커플 이야기에서 해피엔딩을 향한 급작스러운 해결로 보이지만, 이 대단원은 오페라 처음부터 극과 음악의 구성을 켜켜이 쌓아온 모차르트의 응축된 힘을 폭발적으로 분출하는 순간이다.

모차르트의 〈궁전탈출〉(*Die Entführung aus dem Serail*)은 보통 〈후궁으로부터의 유괴〉나 〈후궁으로부터의 탈출〉, 또는 〈후궁에서의 도주〉나 〈후궁탈출〉 등으로 알려져 있다. 번역상의 문제로 치부할 수도 있지만, 또한 〈궁전탈출〉이 적절하다 단정할 수도 없지만 '후궁(Harem)'이라는 단어가 작품을 제대로 볼 수 있는 올바른 제목인지 의문을 자아낸다. 왜냐하면 하렘이라는 '후궁'은 작품을 바라보는 관점을 편협하게 만드는 데 일조하기 때문이다.

〈궁전탈출〉이 작곡된 1780년대 빈(Wien) 사회에는 여러 문화예술이 혼재했다. 특히 모차르트 〈궁전탈출〉에서는 당시 빈에서 유행했던 튀르키예의 예니체리 음악, 중국의 관용 미덕, 프랑스 오페라 코미크와 이탈리아 오페라 부파 그리고 독일의 징슈필 요소가 만나 색다른 묘미를 만들어내고 있다. 그 가운데 튀르키예의 문화는 오페라 〈궁전탈출〉과 직접 연결되는 요소이다. 당시 튀르키예 소재가 발레나 연극, 오페라 무대로 올랐음에도 모차르트의 〈궁전탈출〉이 이들 작품과 다른 매력을 뿜어내는 이유는 무엇인가? 소문 무성하고 은밀한 '후궁'이 아닌 모차르트만의 '궁전'을 살펴보자.

1. 오페라 〈궁전탈출〉

〈궁전탈출〉은 요제프 2세(Joseph II)의 '독일 오페라' 작곡의뢰로 탄생하였다. 오페라의 작곡 시점은 모차르트에게 굉장히 중요한 시기였다. 잘츠부르크(Salzburg)의 콜로레도 대주교(Hieronymus Graf von Collored)로부터 '탈출'하여 빈 사회에서 자신을 증명해야 했고, 아버지 레오폴트(Leopold Mozart)의 품에서 벗어나 독립된 삶을 살아야 했다. 더욱이 빈 귀족 사회에 공식적으로 이름을 알리는 '독일 오페라' 작품이니 이목이 쏠릴 수밖에 없었다.

〈궁전탈출〉은 브레츠너(Christoph Friedrich Bretzner)의 〈벨몬트와 콘스탄체, 혹은 궁전탈출〉(*Belmont und Constanze, oder Die Entführung aus dem Serail*, 1781 베를린 초연)[2]을 원작으로 하며, 슈테파니의 대본으로 1782년 7월 12일 빈의 부르크테아터에서 초연되었다. 등장인물은 원작과 같지만, 인물관계의 설정과 이야기의 전개, 대본에도 상당 부분 차이가 있다.[3] 튀르키예 소재에 관한 모차르트의 관심은 이미 이전부터 있었다. 글루크의 오페라 코미크 〈뜻밖의 만남〉(*La rencontre imprévue*, 1764)의 빈 궁정 초연은 모차르트에게 자극이 되었고, 미완성 단편으로 남았지만, 징슈필 〈자이데〉(*Zaide*, 1780) 작곡은 〈궁전탈출〉의 작곡이 신속하게 진행될 수 있는 밑거름이 되었다.

〈궁전탈출〉에는 튀르키예 문화권의 셀림(Selim)과 오스민(Osmin), 그리고 스페인 귀족 출신 콘스탄체(Konstanze)와 벨몬테(Belmonte), 그들의 하녀와 하인인 블론데(Blonde)와 페드릴로(Pedrillo)가 등장한다. 이야기는 18세기에 유행한 전형적인 '구조 오페라(Rettungsoper)'의 성격을 띤다. 콘스탄체와 블론데, 페드릴로는 배를 타고 여행하던 중 해적에게 잡혀 튀르키예 고관 셀림의 궁에 팔려가고, 콘스탄체의 연인 벨몬테는 사랑하는 이를 구하기 위해 건축기사로 셀림 궁에 위장 잠입한다. 셀림은 계속해서 콘스탄체를 향한 사랑을 표하지만, 콘스탄체는 연인 벨몬테를 저버릴 수 없다. 셀림의 궁에서 조우한 연인은 오스민이 술에 취해 잠든 틈을 타 몰래 탈출하려 하지만, 그들의 계획은 수포가 된다. 콘스탄체를 '유괴'하여 도망치려 했던 벨몬테가 셀림의 원수 아들인 것을 알게 되지만, 셀림은 복수하지 않고, 관용으로 자비를 베풀고 그들을 고향으로 돌려보낸다.

이 등장인물들은 모차르트 오페라에서 나타나는 전형적인 인물 구도를 보여준다. 주인공 연인 커플에 해당하는 귀족 신분의 콘스탄체와 벨몬테, 이들보다 사회적 신분이 낮은 블론데와 페드릴로가 각각 남녀 쌍으로 설정되어 있다. 그리고 이 주인공 남녀 관계를 위험에 빠뜨리거나 마지막까지 가로막는 권력의 존재 셀림도 등장한다. 이러한 관계는 모차르트 오페라 부파 작품에서 보여주는 인물 구도와 큰 차이가 없다. 하지만 무엇보다 〈궁전탈출〉이 여타 오페라 부파,

그리고 튀르키예 소재를 다룬 이전 오페라들과 달리 유독 돋보이는 까닭은 바로 오스민의 존재에 있다.

2. '튀르크리'에 빠져든 유럽

오스만 제국과 오스트리아(넓게는 유럽)는 지난한 갈등의 역사를 지녔다. "잔인하고 위험한 전쟁유발자"[4]로 평가되었던 오스만 제국은 1683년 빈 함락실패 이후 점차 공세에 몰렸고, 1739년 오스트리아-러시아-튀르키예 전쟁(1735-39)을 종식하는 베오그라드 평화조약(Treaty of Belgrade)을 체결한 후 외교사절단을 파견하면서 완화된 정세를 형성하였다. 동시에 오스트리아도 정치적 긴장을 느슨히 하며 튀르키예와의 문화교류를 본격화하였다.

튀르키예 풍의 그림이나 의상, 장식, 공예 등의 유행을 뜻하는 '튀르크리(Turquerie)' 문화는 18세기 중반 절정을 맞았고, 음악에서는 '튀르키예 풍'이라는 알라 투르카(alla turca)의 음악 그리고 예니체리 음악(Janitscharenmusik)이 인기를 끌었다. 튀르키예 군악대인 메흐테르(Mehter)는 유럽에 꽤 친숙했다. 물론 전장에서 메흐테르는 위협적이고 유럽 군대를 공포에 떨게 했지만, 평화조약 이후 튀르키예가 외교사절단과 함께 메흐테르를 파견하거나 혹은 선물로 제공하면서 오히려 관심의 대상이 되었다.[5] 일반적으로 유럽에서 18세기 튀르키예 음악은 예니체리[6] 음악으로 알려졌으며, 이 음악은 바로 예니체리의 군악대, 즉 메흐테르 음악을 뜻했다.

〈궁전탈출〉에서 튀르키예 스타일의 음악은 서곡을 비롯하여 예니체리 합창 그리고 오스민의 음악에서 찾아볼 수 있다. 모차르트는 특별히 피콜로(flauto piccolo)를 편성하여 독특함을 더했고, 메흐테르 악기를 대체할 수 있는 혹은 친숙한 악기, 예를 들어 베이스 드럼이나 심벌, 트라이앵글 같은 악기로 모차르트만의 튀르키예 풍을 만들어냈다. 이러한 음악은 2/4박자를 쓰는 단순한 리듬의 '알라 투르카'로 알려졌다. 하지만 유럽에 알려진 알라 투르카 음악 혹은 메흐테르 음악은 정작 튀르키예 사람들에게 그들의 음악으로 받아들여지지 않았다. 즉 이 시기 알라 투르카 음악은 메흐테르 음악을 수용하여 문화적으로 재생산해 낸 모차르트의 음악 혹은 당시 유럽의 음악으로 해석해야 한다. 대중적으로 알려진 모차르트 〈피아노 소나타 KV331〉의 마지막 악장 일명 '터키 행진곡'을 비롯하여 하이든 〈교향곡 100번 '군대(Military)'〉, 베토벤 〈교향곡 9번 '합창'〉 마지막 악장의 '알라 마르치아(Alla Marcia)' 등의 관악기와 다채로운 타악기 편성의 오케스트라 음악은 시대의 유행을 주름잡는 튀르키예 풍의 음악이었다.

〈궁전탈출〉에서 메흐테르 음악의 수용을 보여주는 대표적인 예는 바로 예니체리 합창이다. 이 합창은 총 두 번, 즉 1막 셀림의 등장과 3막 오페라의 막을 내릴 때 연주된다. 모차르트는 이 예니체리 합창에 전체 오케스트라 편성과 더불어 피콜로와 트라이앵글, 심벌, 베이스 드럼의 타악기와 혼성합창으로 웅장함을 더했다. 모차르트는 작곡 첫 구상부터 튀르키예 풍 음악을 쓰려고 했고,[7] 시대의 유행과 더불어 빈 시민들이 어떤 음악을 원했는지 읽어냈다. "이 예니체리 합창은 말 그대로 예니체리 합창에 기대할 수 있는 모든 걸 갖췄습니다. 짧고 재미있으며, 완전 빈 사람들을 위한 곡입니다."[8] 1781년 9월 26일 아버지에게 보낸 편지에 나타난 볼프강의 이 확신은 당시 빈 귀족 사회에 튀르키예 문화가 얼마나 스며들어 있었는지 가늠하게 한다.

3. 차별화된 오스민(Osmin)

〈궁전탈출〉이 튀르키예 소재를 다룬 이전 오페라와 다르게 평가될 수 있는 핵심 근거는 바로 오스민이다. 오스민은 보통 18세기 연극이나 오페라에서 튀르키예 문화와 인물을 대표했으며, 동시에 튀르키예의 야만성과 잔인함을 극 중에서 드러냈다. 무대에서 오스민은 대부분 우스꽝스럽고 바보같이 행동하며, 무자비하고 원시적이다. 모차르트도 슈테파니의 대본이 "어리석고, 무례하고, 우악스러운 오스민"에 어울린다고 레오폴트에게 알렸다.[9] 페드릴로와 부르는 2막 '바커스 이중창'에서는 페드릴로의 거짓과 계략에 빠져 포도주를 마시는, 즉 이슬람 예법에 어긋난 행위를 하는, 위선적인 인물로 그려진다. 심지어 모차르트 작품에서도 그가 노래하는 가사는 잔인하다. 하지만 이 모든 것이 튀르키예 문화를 폄훼하는 것인지는 의문이다. 왜냐하면 모차르트는 분명 생동감 넘치는 색깔 있는 오스민을 오페라에서 구현하고 있기 때문이다.

　　모차르트의 오스민 해석은, 먼저 오스민의 역할 비중에서 확연히 나타난다. 음악적으로 페드릴로, 블론데, 벨몬테와 이중창으로 연결되어 있으며, 셀림과 콘스탄체와는 대화를 통해 극을 전개한다. 1막 벨몬테 등장 이후, 민요풍의 오스민의 노래(Lied)와 함께 벨몬테와의 이중창이 전개되고, 이후 1막 마지막에는 페드릴로, 벨몬테와 함께 삼중주를 부르며 중창으로 막을 마무리한다. 2막에서는 오스민이 좋아하는 블론데, 그리고 페드릴로와 각각 이중창을 구성한다. 심지어 3막 마지막 셀림이 베푼 관용에 감사와 존경을 노래하는 보드빌에서도 오스민은 마지막으로 보드빌의 선율을 반복한 후, 자신의 첫 아리아(No.3) 후반부 선율(allegro assai)을 다시 노래하며 마지막 중창에 참여한다. 오페라 시작과 마지막까지 노래하는 오스민의 참여를 본다면, 모차르트가 이 인물에게 음악적으로 얼마나 많은 애정과 노력을 들였는지 알 수 있다.

　　오스민의 역할은 브레츠너의 원작과 비교하면 더욱 명확하다. 모차르트는 1막과 3막에 오스민의 아리아를 넣어 다른 등장인물과 대등하게 음악적 중요도를 높였고, 특히 블론데와의 이중창을 추가하면서 페드릴로와 함께 갈등을 고조시키며 삼각관계를 형성한다(표 1 참고). 중창으로 극의 전개를 끌어나가는 모차르트의 오페라 맥락에서 오스민의 중창 비중은 그의 역할이 전혀 미미하지 않다는 것을 보여준다.

표 1. 〈궁전탈출〉에 등장하는 오스민 음악

	No.2	노래와 이중창	오스민, 벨몬테
1막	No.3	아리아*	오스민
	No.7	삼중창	벨몬테, 페드릴로, 오스민
2막	No.9	이중창*	블론데, 오스민
	No.14	이중창	페드릴로, 오스민
3막	No.19	아리아*	오스민
	No.21a	보드빌*	콘스탄체, 블론데, 벨몬테, 페드릴로, 오스민

(* 표시는 원작에 없는 노래)

모차르트는 〈궁전탈출〉 작곡 당시 레오폴드에게 보내는 서신에 오페라 음악에 관한 상세한 내용을 담았다. 특히 그 가운데 오스민의 첫 아리아(No.3) 작곡 과정이 두드러진다.

[이 아리아에] 튀르키예 음악을 사용했기 때문에 오스민의 분노는 희극적이 됩니다. 아리아를 연주하는 동안 나는 그의 아름다운 저음이 빛을 발하게 했습니다. "신께 맹세코(Drum beim Barte des Propheten)" 부분은 템포는 일정하지만 음표가 빠릅니다. 그의 분노가 점차 커지기 때문에, 그래서 사람들은 아리아가 거의 막바지라고 믿기 때문에, 알레그로 아사이(Allegro assai)는 다른 템포와 다른 음으로 곧 최상의 효과를 내야 합니다. [⋯] 하지만 열정은, 격정적이든 그렇지 않든, 결코 역겨울 만큼 표현되어서는 안 되며, 음악 또한 몸서리치는 상황에서 조차 결코 귀를 괴롭히지 않고 만족시켜야 하므로, 이로써 늘 음악으로 남아 있어야 하므로… (1781년 9월 26일. 레오폴트에게 보낸 서신)[10]

모차르트는 오스민의 음악을 튀르키예 풍의 유쾌한 음악으로 작곡했고, 그의 분노를 표현하기 위해 음악적 전개를 효과적으로 연출했다. 특히 아리아 후반부인 알레그로 아사이(allegro assai)에서 잔인한 가사를 노래하지만, 모차르트는 귀가 즐거운 음악, 음악은 음악으로 남아야 한다는 의중을 밝히고 있다. 즉 오스민을 향한 혹은 튀르키예 문화를 향한 폄훼나 조롱이 전면에 드러나지 않는다. 모차르트는 오스민에 관한 자신의 의도를 슈테파니에게 전달했고, 대본이 오기 전에 이미 오스민의 첫 아리아를 작곡했다. 이것은 이미 모차르트가 인물의 음악적 성격을 이미 구상해 놓았다는 것을 의미하는 동시에, 무자비하고 원시적인 오스민이 아니라 감정을 표현하는 '인간 오스민'을 음악으로 그려내고자 한 것이다.

[가사] 오스민 아리아(No.3): "근본을 알 수 없는 그런 건달들은"(*Solche hergelaufne Laffen*)[11]

근본을 알 수 없는 그런 건달들은
계집들에나 눈독을 들이는 놈들이라
나는 죽으면 죽었지 좋아하지 않는다고
우리 임무 중에는 그런 놈들의 하는 꼬라지를
하나하나 눈 여겨 보는 일도 해당되거든
아무튼 그런 놈들을 보면 못 참겠다고
네 놈들이 쓰는 꿈수나 네놈들의 술책은
네놈들의 속임수나 네놈들의 허튼수작은
이 몸은 모두 훤히 꿰뚫고 있지
이 몸을 어떻게 해보고 싶다면
아침 일찍 일어나도 부족할 걸
이 몸은 보통 머리가 아니거든 (Ich hab auch Verstand.)

왜냐하면 하늘에 맹세코(= 신께 맹세코)
이 몸은 밤낮으로 연구하신단 말씀이야
마음을 놓지 말라고, 뼈도 못 추릴 수 있으니
알아서 하겠지만 조심하라고

(allegro assai)

머리부터 따고나서 매달아 놓고

꼬챙이에 꿰어 놓고 뜨거운 쇠줄에 끼어 돌리면

잘도 익을 거야. 그 다음 잘 묶어서

물에 불렸다가 마지막엔 껍질을 벗기는 거야

일명 '분노 아리아'로 불리는 이 노래는, 모차르트가 편지에 언급한 것처럼, '신께 맹세코' 부분에서 짧은 음가로 감정을 고조시킨 후, 알레그로 아사이로 넘어가면서 가사와 함께 오스민의

악보 1. 오스민 아리아(No.3): "근본을 알 수 없는 그런 건달들은"(*Solche hergelaufne Laffen*)

분노를 절정에 치닫게 한다. 무엇보다 "나도 다 생각이 있어." 혹은 "나는 바보는 아니야"라고 반복하며 말하는 독일어 가사 "Ich hab auch Verstand."는 점차 상승하는 선율로 그리고 마지막 긴 음가로 강조하며 의미심장한 내용을 전달한다(악보 참고). 심지어 이 아리아는 소위 '알라 투르카'의 전형으로 알려진 2/4박자에서도 벗어나 있다. "Verstand"는 이성과 논리, 합리와 연결되는 단어다. 당시 사회적 풍조에 따라 본다면, 오스민에게 혹은 튀르키예 사람에게 이 단어는 어울리지 않는다. 하지만 모차르트가 그의 오페라 속 대사와 음악으로 메시지를 던져왔던 것처럼, 오스민 아리아에서 반복되는 이 구간은 그 의미와 의도가 무엇인지 자연스레 고민해 보게 한다.

4. '노래하지 않는' 셀림의 관용 그리고 화해와 경의의 보드빌

흔히 오페라에서 노래하지 않는 인물은 잠시 극적으로 줄거리의 전개를 돕거나 행위로 무대에서 연기하는 부수적인 인물이다. 오페라의 대단원은 '노래하지 않는 셀림'과 보드빌 장면으로 마무리된다. 오스만 제국의 수장 술탄을 대신한 상징적 인물 셀림은 노래 없이 대사로만 역할을 한다. 징슈필이란 장르적 특징을 고려한다고 하더라도, 제법 비중 있게 등장하는 셀림이 아리아 없이, 노래하지 않고 연기만 한다는 것은 낯설기만 하다.[12]

원작에서 1막과 3막 후반부에 짧게 나타나는 것과 달리 〈궁전탈출〉에서 셀림은 3막 전체에 극적 전개와 맞물려 중요하게 역할하고, 콘스탄체를 향한 꽤 섬세한 감정을 가진 인물로 묘사된다. 모차르트의 셀림은 품위가 있다. 콘스탄체 또한 셀림의 덕을 노래하며 자신을 대하는 셀림에게 경의 표한다. 셀림은 잔인한 오스만 지도자로서의 폭군 이미지를 벗고 있으며, 분명 콘스탄체를 얻을 수 있는 권력을 가진 자이지만, 아울러 콘스탄체의 사랑을 폭력으로 얻을 수 없다는 것을 알고 있다. 사랑을 얻기 위해 인내하고, 콘스탄체의 슬픔을 느끼며 공감하는 인물이다. 중국 공자 철학의 덕목인 관용을 베푸는 셀림, 얼핏 요제프 2세를 떠올리게 하는 '지도자' 상(像)의 셀림은 노래하지 않아도 오페라 안에서 존재감을 떨친다.

셀림 역할의 절정은 단연코 마지막 보드빌 이전 장면이다. 셀림이 예전 스페인 귀족 출신이었다는 것만으로 이 모든 갈등을 해결하고 용서와 자비를 베푼다고 해석할 수 없다. 셀림은 벨몬테의 아버지 때문에 사랑하는 여인을 빼앗기고 고향에서 쫓겨나듯 떠나왔고, 이제는 그 원수의 아들이 사랑하는 연인 콘스탄체를 자신의 궁에서 유괴하여 도망치려 했으니 인간 셀림이 느끼는 분노는 이해가 된다. 하지만 이 분노는 셀림이 아닌 오스민에 의해 표출되고, 마지막까지 셀림은 선행으로 18세기 도덕철학의 본보기가 된다.

원수의 아들 벨몬테를 목전에 두고도, 셀림은 복수 대신 콘스탄체와 벨몬테에게 자유를 허락하고 "악을 악으로 갚는 것보다 불의한 일에 자비로 응하는 것이 훨씬 더 큰 만족을 선사한다."고 말한다. 셀림의 대사에, 등장인물들은 각기 경의를 표하고 답하듯 한 구절씩 선율을 반복하면서 돌아가며 노래 부른다. 극과 음악의 전개가 서로 완전체를 이루며 오페라를 마무리 짓는, 모차르트의 재치가 보이는 마지막 장면이다. 오페라는 보드빌에 이어 예니체리 합창으로 셀림을 찬양하며 막을 내린다.

[가사] 보드빌 마지막 노래. 콘스탄체, 벨몬테, 블론데, 페드릴로의 마지막 합창.[13]

복수만큼 흉측한 것은 없을 것이다
반대로 인간적이며 자비로우면
사리사욕 없이 용서한다면
이는 위대한 사람만이 할 수 있는 일!
이런 진리를 깨우치지 못하는 사람은
경멸의 눈초리로 쏘아볼 밖에!

맺음말

모차르트의 〈궁전탈출〉을 향한 첫걸음은 통용되던 오페라 제목 '후궁(Harem)'의 의미에서 벗어나 이 작품을 넓은 시각과 색다른 관점에서 보는 것이었다. 독일어 제목 'Serail'의 직접적인 의미는 '궁전'이다. 물론 술탄의 궁전 안에 하렘 궁이 존재하지만, 이것은 전체의 한 부분에 속할 뿐이다. 이 출발점은 〈궁전탈출〉에 다다를 수 있는 새로운 길을 제시해 주었고, 모차르트가 〈궁전탈출〉에서 튀르키예 소재를 이전 오페라와 다르게 다루고 있음을 알려 주었다. 무엇보다 오스민은 모차르트의 작곡 의중을 반영한, 극과 음악의 정수를 확인하는 인물이라고 할 수 있을 것이다. 더 나아가 모차르트가 〈궁전탈출〉을 통해 빈에서 입지를 다질 수 있었던 것은, 당시 유행하던 빈의 다채로운 문화와 귀족층의 취향을 읽고, 자신의 튀르키예 스타일로 〈궁전탈출〉을 작곡했기 때문일 것이다.

이슬람과 기독교 문화권의 지난한 관계, 그 가운데 스며든 튀르키예 문화, 중국 관용의 미덕, 프랑스의 보드빌 음악, 독일 징슈필 등 여러 인간 군상을 보여주듯 오페라는 다양한 문화를 머금고 있다. 빈 고전주의가 본격적으로 펼쳐지는 시점에서 모차르트의 〈궁전탈출〉은 18세기 후반 빈 사회에 스며있던 다층적인 문화예술을 음악으로 풀어냈다. 이 '뜻밖의 만남'이 전혀 어색하지 않은 이유가 바로 거기에 있지 않을까.

추천 DVD

모차르트의 〈궁전탈출〉(*Die Entführung aus dem Serail*, C MAJOR, 2019)

주빈 메타(Zubin Mehta) 지휘와 조르지오 스트렐레(Giorgio Strehler) 연출의 2017년 라 스칼라 실황을 담은 DVD이다. 오페라 무대는 주인공들의 등장을 중간중간 그림자극처럼 연출하면서 실루엣과 흑백의 명암을 활용하여 색다른 시각효과를 보여준다. 더불어 셀림 궁전의 건축적인 미와 곡선, 해안의 푸른색 배경이 세련되면서도 이국적 분위기를 자아낸다. 오스민과 셀림의 과장되지 않은 연기가 다른 등장인물과 서로 조화를 이루고 있으면서도 모차르트 특유의 유머를 잃지 않고 있다.

참고문헌

국립오페라단 〈후궁으로부터의 도주〉 프로그램 북 (2015)

우혜언. "오리엔탈리즘 뒤집기-모차르트의 〈궁전탈출(Die Entfuhrung aus dem Serail)〉을 중심으로." 『한국예술연구』 42 (2023): 127-147.

Monelle, Raymond. *The musical topic*. Indiana: Indiana University Press, 2006.

Mozart, Wolfgang Amadeus. *Briefe und Aufzeichnungen, Gesamtausgabe, Band III 1780-1786*, Kassel: Barenreiter, 2005.

미주

1. 2023년 8월 18일 '세아이운형문화재단과 함께하는 음악미학연구회 2023 〈오페라 속의 미학〉 세미나'에서 발표한 내용과 다음의 논문을 참고하였다. 우혜언, "오리엔탈리즘 뒤집기-모차르트의 〈궁전탈출(Die Entführung aus dem Serail)〉을 중심으로," 『한국예술연구』 42(2023), 127-147.

2. 작곡가 요한 안드레(Johann André, 1741-1799)와 함께 징슈필로 1781년 베를린에서 초연했다.

3. 특히 모차르트와 슈테파니는 셀림을 기독교에서 이슬람으로 개종한 스페인 귀족 출신으로 설정했다.

4. Raymond Monelle, *The musical topic* (Indiana: Indiana University Press, 2006), 117.

5. 우혜언, "오리엔탈리즘 뒤집기-모차르트의 〈궁전탈출(Die Entführung aus dem Serail)〉을 중심으로," 131 참고.

6. 예니체리는 술탄의 핵심 중앙상비군이자 오스만 제국의 정예 군대이다.

7. "신포니아와 제1막의 합창과 마지막 합창은 터키풍 음악으로 쓸 예정입니다." Wolfgang Amadeus Mozart an Leopold Mozart in Salzburg, Wien, 1. August 1781. Wolfgang Amadeus Mozart, *Briefe und Aufzeichnungen, Gesamtausgabe, Band III 1780-1786* (Kassel: Bärenreiter, 2005), 143.

8. Wolfgang Amadeus Mozart an Leopold Mozart in Salzburg, Wien, 26. September 1781. Mozart, *Briefe und Aufzeichnungen*, 163.

9. Wolfgang Amadeus Mozart an Leopold Mozart in Salzburg, Wien, 13. Oktober 1781. Mozart, *Briefe und Aufzeichnungen*, 167.

10. Wolfgang Amadeus Mozart an Leopold Mozart in Salzburg, Wien, 26. September 1781. 우혜언, "오리엔탈리즘 뒤집기-모차르트의 〈궁전탈출(Die Entführung aus dem Serail)〉을 중심으로," 131 재인용.

11. 국립오페라단 〈후궁으로부터의 도주〉 프로그램 북 (2015), 69.

12. '노래하지 않는 셀림'에 관한 추가적인 설명은 다음을 참고하시오. 우혜언, "오리엔탈리즘 뒤집기-모차르트의 〈궁전탈출(Die Entführung aus dem Serail)〉을 중심으로," 141.

13. 국립오페라단 〈후궁으로부터의 도주〉 프로그램 북 (2015), 88.

제2장

선악의 해체적 사유
모차르트의 〈마술피리〉(1791)

글 · 이혜진

〈작품 정보〉

작곡: 볼프강 아마데우스 모차르트(Wolfgang Amadeus Mozart, 1756-1791)

대본: 에마누엘 쉬카네더(Emanuel Schikaneder, 1751-1812)

초연: 1791년 9월 30일, 빈(Wien) 비덴 극장(Theater an der Wien)

구성: 2막

1. 〈마술피리〉에 내재된 '계층-젠더-인종' 이데올로기
2. 오페라 〈마술피리〉에 나타난 선악의 해체적 사유
3. 시대비판으로서의 〈마술피리〉

선악의 해체적 사유
모차르트의 〈마술피리〉(1791)

글 · 이혜진

1791년 9월 30일, 빈 비덴 극장에서 초연된 오페라 〈마술피리〉(*Die Zauberflöte*, KV. 620)는 에마누엘 쉬카네더(Emanuel Schikaneder, 1751–1812)의 대본과 볼프강 아마데우스 모차르트(Wolfgang Amadeus Mozart, 1756–1791)의 작곡으로 완성된 작품이다.[1] 이 오페라는 악당에게 유괴된 아름다운 공주와 그녀를 구하러 떠나는 용감한 왕자의 모험과 사랑 이야기를 중심축으로 하는, 동화 같은 서사를 지닌 작품이다. 흥미로운 점은 이처럼 동화적 외피 아래에 자라스트로와 밤의 여왕이 상징하는 빛과 어둠의 대립, 타미노 왕자와 파미나 공주가 겪는 불과 물의 시련에 내포된 죽음과 재탄생[2]의 상징성 등, 도덕적이고 철학적인 주제들이 다층적으로 내포되어 있다는 점이다. 특히 작품에서는 자라스트로와 밤의 여왕이 대표하는 선과 악의 세계가 뚜렷이 대비되며, 그중 자라스트로의 세계는 프리메이슨리(freemasonry, masonry)를 상징하는 것으로 널리 해석된다.[3] 자유, 평등, 박애의 인본주의 사상과 관용의 정신을 표방한 근세 유럽의 남성 엘리트 비밀결사인 프리메이슨리는 1780년대 빈에서 학자, 예술가, 계몽 귀족들 사이에서 큰 인기를 끌었다. 모차르트와 쉬카네더 역시 이 단체의 회원이었으며, 특히 모차르트는 1784년, 만하임 시절의 동료였던 게밍겐(Otto Heinrich von Gemmingen, 1755–1836)이 1783년 2월에 설립한 프리메이슨의 '자선(Zur Wohltätigkeit)' 지부에 가입하였다. 기존의 다양한 연구들은 〈마술피리〉가 단순히 공주를 구하러 떠나는 왕자의 동화적 서사를 넘어, 프리메이슨리의 보편적 인류애의 계몽 이념을 구현하는 작품으로 해석해 왔다. 그렇다면 〈마술피리〉는 과연 동화적 포장을 통해 인간에게 행복하고 유의미한 삶의 진리를 일깨우고, 궁극적으로 평화롭고 이상적인 사회를 구현하고자 했던 프리메이슨 결사의 이념을 예술적으로 재현한 작품이라 할 수 있을까?

1. 〈마술피리〉에 내재된 '계층–젠더–인종' 이데올로기

〈마술피리〉는 지혜, 이성, 박애가 조화를 이루는 이상적 세계를 그린 작품으로 자주 해석되지만, 그 안에는 여러 모순적 요소들이 내재해 있다. 작품 곳곳에는 계층, 인종, 젠더와 관련된 문제가 은밀하게 혹은 노골적으로 드러나기 때문이다. 무엇보다 타미노 왕자와 새잡이 파파게노 사이에는 넘을 수 없는 사회적 장벽, 즉 왕족과 출신이 불분명한 서민 사이의 위계가 분명히 존재한다. 파파게노는 2막 3장에서 "싸움은 저와 어울리지 않죠. 예지 같은 것도 필요 없어요. 그저 배부르게 먹고, 늦게까지 잘 수 있다면 족합니다! […] 거기다가 예쁜 마누라라도 한 명 주신다면 […]."[4]이라며, 예지를 향한 탐구와 자기 수련이라는 이상에는 관심이 없다고 말한다. 이는 "당신도 예지를 얻기 위해 싸울 것인가?"라는 승려의 질문에 대한 응답으로, 자라스트로의 형제단이라는 엘리트 공동체에 파파게노와 같은 인물은 애초에 포함될 수 없음을 암시한다. 비록 파파게노도 타미노와 함께 자라스트로의 이상적 세계에 입문하고자 하지만, 그의 모든 시도는 실패로 끝난다. 더욱이 이 실패는 오페라 전체의 맥락 속에서 진지하게 다뤄지지 않으며, 단순한 희극적 장치로 처리된다.[5] 이러한 서사 구조는 빈의 프리메이슨리가 엘리트 계층과 계몽되지 않은 일반 대중을 엄격히 구분하고 배제하는 방식과도 긴밀히 연결된다.[6]

한편 〈마술피리〉는 남성이 지배적인 권력을 행사하고 여성이 이에 종속되는 가부장적 사회 구조와 문화적 체계를 배경으로 하고 있다. 즉, 남성 중심의 권력관계와 성 역할 규범에 기반한 이 오페라에서 밤의 여왕의 세계는 본질적으로 '악'이라기보다는, 남성 지배 질서에서 벗어날 때에만 위협적인 것으로 간주된다.[7] 이러한 설정은 과연 밤의 여왕의 세계가 악이고, 자라스트로의 세계가 선인지에 대한 근본적인 의문을 제기하게 만든다. 표면적으로는 자라스트로와 밤의 여왕의 세계가 각각 선과 악을 상징하는 것처럼 보이지만, 여왕의 관점에서 이야기를 재구성해 보면 전혀 다른 해석이 가능하다. 2막 1장에서 자라스트로는 파미나 공주를 납치한 이유에 대해 다음과 같이 말한다. "우리들이 저 교만한 밤의 여왕의 손아귀에서 파미나를 데리고 온 것은 그 때문이었소. 그녀는 사람들의 마음을 혼동시키고, 우리의 성스러운 신전을 무너뜨리려 하고 있소."[8] '교만하다', '사람들의 마음을 혼동시킨다'는 자라스트로의 말에는 어떤 객관적인 근거나 구체적 설명이 결여되어 있다. 이는 자칫 여성 인물에 대한 성차별적 선입견을 반영하는 것은 아닌가 하는 의문을 불러일으킨다. 나아가 어머니로서 자신의 딸을 납치한 자에게 반발하고, 그 세계를 파괴하고자 하는 마음은 인간적인 감정의 발로라고 볼 수도 있다.

또한 밤의 여왕이 자라스트로와 대립하게 된 배경에는 보다 근본적인 이유도 존재한다. 2막 8장에서 그녀는 딸 파미나에게 그 사연을 털어놓는다. 이 장면은 밤의 여왕의 동기를 보다 복합적이고 입체적으로 이해할 수 있는 단서를 제공한다.

[2막 8장]

밤의 여왕: 사랑스런 딸아, 나는 더 이상 너와 함께 있을 수 없단다. 너의 아버지가 돌아가신 후 나의 힘도 끝나 버렸다. […] 일곱 개의 태양의 고리를 남의 손에 넘겨 줘 버렸다. 이젠 자라스트로가 그 태양의 고리를 가지고 있다. 내가 그것에 대해 아버지에게 말했을 때 너의 아버지는 이마에 주름을 지으며 "부인, 나의 최후는 머지않았소. 이제 나의 보물은 당신과 딸 뿐이오"라고 말씀하셨다. "모든 것을 태워 버릴 수 있는 그 태양의 고리는 이제 승려인 자라스트로의 것이 되었나요?"라고 물어 보자 아버지는 "지금까지의 나와 같이 앞으로는 자라스트로가 이 세상을 지배할 것이오. 여자인 당신에게 섣불리 맡길 수는 없었소. 당신의 임무는 자신과 딸을 현명한 남자에게서 지배 받게 하는 것이오"라고 말씀하셨다.[9]

세상을 지배할 수 있는 힘을 상징하는 '태양의 고리'를 소유했던 밤의 여왕의 남편은 죽기 전, 그 고리를 아내가 아닌 자라스트로에게 넘긴다. 세상을 다스릴 자격이 여성에게는 없고, 오직 남성만이 그 역할을 수행할 수 있다는 인식 때문이었다. 이러한 성별에 따른 차별과 고정관념에 대해 밤의 여왕이 분노한 것은 어쩌면 당연한 일일지도 모른다.

오페라 〈마술피리〉에서 모노스타토스라는 등장인물을 다루는 방식, 즉 인종 이데올로기는 이 작품에서 가장 문제적인 부분 중 하나이다. 모노스타토스가 무대에 처음 등장하기 전부터 관객은 이미 자라스트로의 세 명의 노예로부터 그가 "추잡하고" 사람을 "못살게 구는" 인물임을 인지하게 된다.

[1막 9장] "우리들이 말하는 것을 모두 엿듣고는 못살게 구는 저 모골인이 […] 저 모골놈이 추잡한 건 알지만 […]"[10]

이후 오페라는 모노스타토스를 파미나를 죽음으로 위협하면서도, 백인 여성에 대한 성적 욕망을 드러내는 음탕하고 '무자비한 악마'로 묘사한다.[11] 남성이 아름다운 여성에게 사랑을 느끼는 것은 자연스러운 일이지만, 오페라에서는 모노스타토스가 흑인 노예라는 이유만으로, 게다가 백인 공주를 탐했다는 이유로 자라스트로에게 발바닥을 일흔일곱 번이나 맞는다. 뿐만 아니라, 오페라는 그의 지적 빈곤이나 도덕적 타락을 언급하며,[12] 노예라는 신분을 강조하기도 한다.[13] 자유, 평등, 박애의 가치를 내세운 계몽주의 사회라면 "너의 마음은 너의 얼굴처럼 검다"[14]라는 자라스트로의 비난보다는 모노스타토스가 "누구나 즐겁게 사랑을 하지만 얼굴이 검다는 이유로 모두가 나를 미워한다. 평생 어쩔 수 없는 운명인가? 얼굴은 검어도 나도 사람이다"[15]라고 한탄하는 데 대목에 더 공감해야 하지 않을까? 기존 논의들은 〈마술피리〉의 이상적 세계에 존재하는 이 흑인 노예 모노스타토스에 주목하며, 그를 "국가에 복종하는 성격을 가진 비겁하고 비굴한 노예"[16], "배반의 상징이자 지상의 표징"이자 "저속하고 타락한 사랑의 상징"[17], "세계의 어둠"[18], "검은 머리를 한 모차르트의 라이벌 살리에리"[19] 등 다소 부정적인 시각으로 해석해왔다. 그러나 다른 한편에서는, 프리메이슨이자 인본주의자이며 계몽주의자였던 모차르트와 쉬카네더가 인종차별주의자일 리 없다는 점을 들어, 모노스타토스의 존재를 "자라스트로의 세계에서 환영받지 못하고, 다른 노예들에게도 놀림받으며, 인종적 편견과 싸우면서 외국인 혐오로 사회의 가장자리에 홀로 서 있는 희생자"[20], "빈 예수회의 검은 복장"[21] 등 보다 함축적이고 상징적인 방식으로 해석하기도 한다.

이처럼 〈마술피리〉에서는 "젠더, 계급, 인종 문제가 묘한 불협화음을 내고 있다."[22] 작품 전체를 관통하는 세계관이 밤의 여왕과 자라스트로 중 누구의 것인지도 모호하며[23] 빛과 어둠, 남성과 여성이 실제로 무엇을 의미하는지도 불확실하다.[24]

> "오페라 〈마술피리〉에서 어둠과 빛을 구별하는 데는 어려움이 없다. 하지만, 그것들은 과연 무엇을 의미하는가? 다시 말해, 도덕적 의미에서는 어느 것이 검은색이고 어느 것이 흰색인가? 우리는 어느 것을 믿어야 하는가?"[25]

이 작품은 지혜, 평등, 진리라는 계몽주의의 이상을 노래하는가, 아니면 이러한 신념이 성취되지 못하고 심지어는 이와 모순되기까지 한 당대의 현실을 반계몽주의(counter-Enlightenment)의 시각에서 고발하고 있는가?[26] 〈마술피리〉는 "보편적 인류애를 표방하지만 진정한 보편성을 성취하지 못하는 계몽사상의 한계에 관한 오페라"[27]인가? 〈마술피리〉의 세계를 '자라스트로의 선, 밤의 여왕의 악'이라는 선악 윤리가 명료하게 나뉘어 있는 세계로 볼 수 있는가? 과연 이 오페라를 선악의 이분법적 시각이 아닌 새로운 시각에서 독해할 수는 없는가?

2. 오페라 〈마술피리〉에 나타난 선악의 해체적 사유

음악적 측면에서 볼 때, 오페라 〈마술피리〉는 전반적으로 '표현되어야 할 내용'과 '표현된 형식'이 완전한 일치를 이루는 고전적 예술이라 할 수 있다. 그러나 밤의 여왕과 자라스트로라는 배역, 그리고 성직자들의 합창에 세팅된 음악은 내용과 형식, 혹은 정신과 감각의 불일치로 인해 상징적 예술로의 후퇴를 보여준다. 더 나아가 이들의 음악은 작품 전체의 고전적 형식에 흡수되지 않고 이질적인 형태로 병치삽입되어 있으며, 그 결과 고전적 예술 형식이 성취한 아름다움과 예술의 완성된 상태가 해체되는 양상을 보인다. 이에 대한 논의에 앞서, 개념적 도구로 활용될 헤겔(Georg Wilhelm Friedrich Hegel, 1770-1831)의 세 가지 예술 형식에 대해 간략히 짚고 넘어갈 필요가 있다.

헤겔에게 '예술미'란 "정신(Geist)으로부터 탄생한 미, 즉 정신에서 다시 태어난 미,[28]이다. 이때 정신이란 "모든 것을 자신 속에 포괄하는 '참다운 것'(das Wahrhaftige)[29]을 의미한다. 따라서 우리는 예술작품을 대할 때 "내면에서 그것을 직접적으로 향유하는 것 외에도 동시에 그 작품에 대해 어떤 판단을 내리고 싶은 충동으로 고무된다."[30] 예술에서 개념이나 내용은 예술이 표현하고자 하는 내적인 면, 즉 사상이나 이념에 해당하며, 실재나 형식은 개념이나 내용을 외적으로 표현하는 데 필요한 소재이자 과정으로서 감각적이고 형상적인 형태화에 해당한다.[31] 헤겔은 내용과 표현 수단의 상호 적합성 여부에 따라 "이념이 형상화되어 나오는 세 가지 단계,"[32] 즉 상징적 예술 형식, 고전적 예술 형식, 낭만적 예술 형식에 대해 고찰하였다.[33]

먼저 상징적 예술 형식이란, 이념이 자신 속에서 아직 적합한 형식을 발견하지 못한 예술을 말한다. 이 예술 형식에서는 "그 속에 이념이 단지 추상적으로 규정되거나 또는 규정되지 않는 것으로 의식되며," 그 결과 "의미와 형상의 일치가 늘 불완전하고 추상적으로만 머물기 때문에 불완전하다."[34] 즉, 내용과 형식이 서로에게 완전히 스며들지 못해 참다운 통일을 이루지 못하며, 조야하고 참되지 못한 대상들에게 절대적인 의미를 부여하거나, 그 대상이 소유한 세계관을 표현하기 위해 특정 현상들을 부자연스럽고 강제적으로 이용한 결과 별나고 기괴한 것을 만들어낸다.[35] 상징적 예술 형식이 지닌 이러한 결점은 고전적 예술 형식 단계에 이르러 해소된다.

한편, 고전적 예술 형식에서는 '표현되어야 할 내용'과 '표현된 형식'이 서로 완전히 스며들어가 완전하게 일치함으로써 아름다움의 이념상이 온전히 실현된다.[36] 그러나 고전적 예술 형식이 정신적 존재와 감각적 존재의 완전한 통일과 일치를 꾀하고,[37] "예술의 감성화가 이룰 수 있는 최고의 위치에 도달"[38]했음에도 불구하고, 헤겔은 예술 자체와 예술 영역이 지닌 한계에 대해 언급한다. 정신은 감각과 융합된 상태에서는 그 참된 개념에 맞는 표현에 이르지 못한다는 것이다. "그 이유는 정신이 이념의 무한한 주관성이므로, 절대적인 내면성인 그 이념이 자기에게 맞는 현존재인 구체성 속에 주입되어 머물려고 하다 보면 이념 스스로 자유로이 형상화될 수 없기 때문이다."[39] 따라서 이러한 고전적 예술 형식은 또다시 해체되어, 그보다 높은 세 번째 예술 형식으로 이행한다.[40]

마지막 낭만적 예술 형식은 고전적 예술 형식이 성취한 아름다움과 예술의 완성된 상태가 해체되고, 절대적 조화의 상태를 넘어서는 과정을 보여준다.[41] 이는 이른바 "분열을 화해되지 않은 분열 그 자체로 표현한 예술 형식"이라 할 수 있다.[42]

헤겔이 제시한 세 가지 예술 형식은 오페라 〈마술피리〉에서 매우 흥미로운 방식으로 공존하고 있다. 〈마술피리〉는 광범위한 관객에게 호소력을 지닌 '자연스러운 음악'이다. 이 오페라가 창작된 18세기는 '음악에서 무엇이 가장 가치 있는가'에 대한 열띤 논쟁이 있었던 시기로, 광범위한 관객에게 호소력을 지니는 작품을 만드는 일이 작곡가에게 가장 중요한 과제였다.[43] 따라서 이 시기에는 "전문가에서 배우지 못한 사람에 이르기까지 모든 취향에 호소력을 지닌 음악, 기법적 복잡함에서 벗어나 어떠한 민감한 관객이라도 즉각적으로 즐거움을 줄 수 있는 자연스러운 음악"[44]이 가치 있는 음악으로 간주되었다.

아리아, 5중창, 3중창, 2중창, 행진곡, 합창, 피날레 등 총 21개의 넘버로 구성된 오페라 〈마술피리〉는 18세기 후반 유럽 음악의 취향을 고스란히 반영하고 있다. 동형진행에 의한 악구 반복, 끊임없는 동기 변형, 불규칙적인 악구 구조 등 이전 시기의 바로크 양식과는 달리, 선율에 집중하는 이들의 음악은 아래 악보 예에서 볼 수 있듯이 두 마디 또는 네 마디 길이의 규칙적인 단위로 구성되어 악구와 악절 구조가 매우 투명하다. 흥미로운 점은 이러한 성격을 지닌 음악들이 주로 파파게노, 파파게나, 시녀, 모노스타토스 등 조연 역할을 하는 배역들에 배치되어 있다는 것이다. 파파게노의 아리아 '아, 나로 말할 것 같으면 여기서'(*Der Vogelfänger bin ich ja*), 파미나 공주와 새잡이 파파게노가 함께 부르는 이중창 '사랑을 아는 남자는 진실함을'(*Bei Männern, welche Liebe fühlen*), 타미노, 파파게노, 3인의 시녀의 5중창 '음, 음, 음'(*Hm! Hm! Hm! Hm!*), 파미노, 모노스타토스, 파파게노의 3중창 '작은 새여 어서 오라'(*Du feines Täubchen, nur herein!*) 등, 이들의 음악은 "고상한 단순함, 균형 및 형식적 완벽함, 통일성 내의 다양성, 적절한 진지함 혹은 기지와 재치, 과도한 장식과 허식의 배제"[45] 등 고전음악의 양식적 이디엄을 충실히 따르며, 소위 '표현되어야 할 내용'과 '표현된 형식'이 완전한 일치를 이루는 고전적 예술의 전형을 보여준다. 헤겔에 따르면 이러한 고전적 예술 형식에서 "예술의 완성은 그 정점에 도달했다. 이를 통해 고전적 예술은 개념에 적합한 이념상의 표현이 되었으며 아름다움의 영역을 완성시켰다. 그보다 더 아름다운 것은 있지도 않고, 앞으로도 있을 수 없다."[46]

한편, 밤의 여왕과 자라스트로의 세계에 배치된 음악은 내용과 형식, 즉 정신과 감각의 불일치로 인해 상징적 예술의 전형을 보여준다고 할 수 있다. 〈마술피리〉에는 오페라 세리아의 영웅적 양식, 엄숙한 합창 장면, 코랄 프렐류드, 코랄 모테트, 푸가, 콜로라투라 아리아 등 18세기 말 시각에서 볼 때 복잡하고 학술적이며 전문가적인 성격을 띠는 바로크적 음악 양식도 등장한다. 이러한 음악들은 대부분 밤의 여왕과 자라스트로의 음악, 그리고 성직자들의 합창에 배치되어 있다. 우선 2막 8장에 나오는 밤의 여왕 아리아 '나의 가슴 분노로 불타올라'(*Der Hölle Rache kocht in meinem Herzen*)는 대표적인 예라 할 수 있다. d단조, 4/4 박자의 알레그로로 된 이 아리아는 표면상으로 자신을 배신한 딸에 대한 원망과 분노를 드러내지만, 실제로는 남편을 잃고 마지막으로 남은 사랑하는 딸에게마저 버림받아 홀로 남게 된 여인의 처절한 절망과 슬픔을 함축하고 있다. 그러나 이러한 정서를 표현하기에는 이 밤의 여왕 아리아가 지나치게 과장되고 장식적이라는 인상을 준다.

자라스트로의 세계와 관련된 음악은 바흐의 코랄 모테트처럼 바로크 종교음악이 지닌 화려함과 장엄함을 표현하면서도, 음악적 내용에서는 반음계적인 장식이 극도로 자제된 절대적인 단순함을 추구하여, 결과적으로 소리의 울림이 매우 투명하고 순수하다. 한 편의 동화처럼 전개되던 오페라는 피해자였던 밤의 여왕이 사악한 여자로, 악당 자라스트로가 현인으로 뒤바뀌는 지점 이후부터 프리메이슨 의식을 재현하며 종교적인 분위기로 전환된다. 이때 자라스트로 역할과 성직자들의 합창으로 코랄이 처음 등장하는데, 모차르트는 코랄 모테트와 같은 바로크 종교음악 형식을 차용하였다. 주목할 점은 외형상 화려하고 장엄하지만, 음악적 내용은 매우 단순하다는 것이다. 예를 들어, 프리메이슨 입회식을 재현한 2막 28장의 피날레 엔딩 부분의 4/4박자 C장조 아다지오 행진곡은 으뜸화음과 딸림7화음만으로 전개되며, 플루트·관악·팀파니만으로 연주되어 앙상하고 기묘한 소리 울림을 만든다. 또한 2막 28장 합창 피날레 도입부는 바로크 양식의 풍성하고 복잡한 중간 성부 움직임을 의도적으로 피하고, 무엇보다 바로크 화성의 불협화음을 피하면서 연이은 표현적 계류를 거의 순수한 3화음의 울림으로 대체하고 있다.[47] 음악학자 찰스 로젠(Charles Rosen)은 〈마술피리〉 음악에 나타난 이러한 특징에 대해 다음과 같이 언급한 바 있다.

"이것은 모차르트의 후기 양식이 가장 멀리까지 나아간 것이다. 순수함과 발가벗음은 거의 이국적이라 할 만큼 극단적이며, 고집스러운 앙상함은 절묘하게 아름다운 관현악법으로 강조될 뿐이다. 모차르트의 성숙한 오페라들은 저마다 독특한 울림을 갖지만, 〈마술피리〉만큼 이런 울림이 전면에 나서서 직접적으로 힘을 행사하고 근본적인 토대를 이루는 오페라는 없다."[48]

외양상으로는 화려하고 장엄하지만, 음악적 내용에 있어서는 투명하고 순수하며 때로는 앙상하기까지 한 이러한 작법은 오페라 〈마술피리〉에서 매우 상징적인 의미를 지닌다. 과연 모차르트가 자라스트로의 세계를 '절대 선'의 세계로 표현하려 했는지 의문을 제기하게 하는 대목이다.

밤의 여왕의 과도하게 장식적이고 신들린 듯한 콜로라투라 아리아나, 자라스트로의 세계를 재현하기 위해 세팅된, 음악어법상으로는 단순하나 표면상 화려하고 장엄한 제스처를 취하는 찬송가, 합창, 행진곡 등은 '표현되어야 할 내용'에 비해 '표현된 형식'이 거대해져 버린 인상을 준다. 이러한 내용과 형식의 불일치는 헤겔식 논법에 따르면, 종교 및 국가 이데올로기의 상징적 조작 도구로 전락한 '상징적 예술'을 떠올리게 한다. 전술한 바와 같이 '상징적 예술 형식'이란 내용과 형식이 아직 완성되지 않아 온전한 의미에서 예술다운 예술이 아직 되지 못한 불완전한 형태의 예술이다.[49] 헤겔은 예술이 "충동, 성향, 열정 등을 제어하고, 순화시키고, 교훈을 주고, 도덕적으로 완성시켜준다는 것"[50]을 인정하나, 그러한 목적을 예술작품 속에 직접적으로 표현하는 것은 반대한다.[51] 그 이유는 추상적이고 교훈적인 이념만 중요한 것이 되고 예술작품을 예술작품으로 만드는 감각적이고 구체적인 형상 형태가 부차적인 것이 되면서 예술작품의 본성이 왜곡되기 때문이라는 것이다.[52] "이 경우 감각적으로 개별적인 것과 정신적으로 보편적인 것은 서로를 외면하게 된다."[53] 그런데 여기에서 한 가지 더 언급해야 할 대목은 이러한 음악들이 "기법적 복잡함에서 벗어나 어떠한 민감한 관객이라도 즉각적으로 즐거움을 줄 수 있는 자연스러운 음악"이라는 18세기 말 고전 음악적 이디엄을 충실히 따른 〈마술피리〉의 전체 음악적 맥락 안에서 볼 때, 작품 전체 속에 흡수되지 않고 이질적인 모습 그대로 병치·삽입되어 있다는 점이다.

밤의 여왕의 과도하게 장식적이고 신들린 듯한 콜로라투라 아리아, 그리고 자라스트로의 세계를 재현하기 위해 세팅된 음악어법상 단순하지만 표면상 화려하고 장엄한 제스처를 취하는 찬송가, 합창, 행진곡 등은 '표현되어야 할 내용'에 비해 '표현된 형식'이 과도하게 확대된 인상을 준다. 이러한 내용과 형식의 불일치는 헤겔의 논법에 따르면 종교 및 국가 이데올로기의 상징적 조작 도구로 전락한 '상징적 예술'을 떠올리게 한다. 앞서 언급했듯 '상징적 예술 형식'이란 내용과 형식이 아직 완성되지 않아 온전한 의미에서 예술다운 예술이 되지 못한 불완전한 예술의 형태이다.[54] 헤겔은 예술이 "충동, 성향, 열정 등을 제어하고, 순화시키고, 교훈을 주며, 도덕적으로 완성시켜준다는 것"을 인정하나[55] 그러한 목적을 예술작품 속에 직접적으로 표현하는 것은 반대한다.[56] 그 이유는 추상적이고 교훈적인 이념만이 중요해지고, 예술작품을 예술작품으로 만드는 감각적이고 구체적인 형상 형태가 부차적인 것으로 전락하면서 예술작품의 본성이 왜곡되기 때문이다.[57] "이 경우 감각적으로 개별적인 것과 정신적으로 보편적인 것은 서로를 외면하게 된다."[58] 그런데 여기서 주목할 점은 이러한 음악들이 18세기 말 고전 음악의 이디엄인 "기법적 복잡함에서 벗어나 어떠한 민감한 관객이라도 즉각적으로 즐거움을 줄 수 있는 자연스러운 음악"[59]을 충실히 따르고 있음에도 불구하고, 〈마술피리〉의 전체 음악적 맥락 안에서는 작품에 완전히 흡수되지 않은 채 이질적인 형태로 병치·삽입되어 있다는 점이다.

오페라 넘버 하나하나의 텍스트 자체만 보면, 밤의 여왕과 자라스트로의 세계를 재현하는 음악 모두 '진지하고 엄숙하다.' 딸의 배신을 마주한 어머니의 분노도, 자유·평등·박애의 이상을 노래하는 프리메이슨의 신념도 내용상 충분히 설득력이 있기 때문이다. 그러나 이것은 해당 텍스트 안에 있을 때의 이야기이다. 밤의 여왕과 자라스트로 세계에 통용되는 가치는 각각 해당 세계 내에서만 설득력을 가지며, 텍스트 밖으로 나오면 전체 컨텍스트 속에서 이 두 가치는 서로 충돌한다. 바로 이 서로 화해 불가능한 분열을 모차르트는 〈마술피리〉에서 고전적 예술 형식이 성취한 예술의 완성된 상태가 해체되는 과정을 통해, 다시 말해 '고전적 예술 형식'에 '상징적 예술 형식'을 병치함으로써 그려내고 있다. 그리고 이것은 헤겔이 말한 '낭만적 예술 형식'의 전형적인 특징이기도 하다.

그에 따르면 세 가지 예술 형식 가운데 '낭만적 예술 형식'은 내용에 적합한 형식으로 예술적 표현이 불가능한 상태이자,[60] 절대자이자 이념인 정신을 예술을 통해 충분히 표현할 수 없다는 예술 자체의 한계를 인식하는 예술 형식이다. 또한 '고전적 예술 형식'이 성취한 아름다움과 예술의 완성된 상태가 해체되는 과정을 보여준다.[61] 특히 이러한 과정 속에서 개념과 실재가 일치하는 '고전적 예술 형식'은 전체 예술작품 안에서 "맥락화되고," "상대화된다."[62] "이제 이 마지막 예술 단계인 낭만적 예술에서 고전적인 이념상의 아름다움과 그 고유한 형태, 그리고 그것에 가장 적합한 내용으로 드러난 아름다움은 더 이상 최종적인 것이 아니라는 점이 필연적인 규정으로 드러나며,"[63] '고전적 예술 형식'의 기준이 붕괴됨으로써 새롭게 탄생한 '낭만적 예술 형식'에서는 더 이상 아름다움이 최종적인 기준이 되지 못한다.[64]

요컨대, 오페라 〈마술피리〉는 헤겔식 논법에 따르면, 분열을 화해되지 않은 분열 그 자체로 표현한 작품으로서 "절대적 조화의 상태를 넘어 나아간" 낭만적 예술의 예시라 할 수 있다. 그리고 바로 여기에서 '시대 비판'이라는 작가의 의도가 읽힌다.

3. 시대비판으로서의 〈마술피리〉

18세기 말은 개인의 자유와 신념, 도덕성에 가치를 두고, 보편적 교육과 사회적 평등을 장려한 소위 계몽주의 시대였다. 모차르트의 오페라 〈마술피리〉는 이러한 시대에 초연된 작품으로, 인류의 진보를 위해 이성의 힘으로 기존 질서를 타파하고 사회를 개혁하려는 계몽주의적 이상을 반영하고 있다. 이와 같은 인도주의적 이념과 보편적 형제애에 대한 열망은 프리메이슨이라 불리는 대중적 운동의 형성에도 근본적인 영향을 미쳤다. 그러나 이 시기에도 봉건적이고 종교적인 권위, 특권, 억압, 편견 등 과거의 불합리한 관습과 사회 현상은 은폐된 채 여전히 존재하고 있었다. 계몽주의라는 이념의 세례를 받은 이 시대에, 모차르트는 그 누구보다 이상과 현실 사이의 괴리를 예민하게 체감한 인물이었을 것이다. 그는 궁정의 음악 문화에는 깊은 영향을 받았지만, 일상적인 외교술이나 지배 계층에서 요구되는 사교 기술에는 서툴렀으며, 궁정 사회에서 통용되던 사회적 규범과 사교 문화에 제대로 동화되지 못했다. 시민 계급 출신으로서, 귀족 중심의 궁정 세계에서 모차르트는 철저한 국외자이자 이방인이었으며, 궁정에서 근무하던 중 귀족들의 비하와 멸시로 인해 깊은 모멸감과 분노를 경험했다. 이러한 경험은 결국 그에게 적대감과 반항심을 키우는 계기가 되었다.

"모차르트의 경우는 사정이 달랐다. 그의 작품은 그가 살던 시대의 궁정 귀족 사회에서 통용되던 음악적 규범의 영향을 깊이 받았다. 설령 나이가 들면서 그가 이 규범을 자신만의 독특한 방식으로 발전시켰다고 하더라도 말이다. 그러나 그의 처신은 평범한 세상 사람과 다를 바 없었다. 그는 느끼고 생각하는 바를, 다른 사람들이 어떻게 받아들일까를 전혀 고려하지 않고 직설적으로 내뱉곤 했다. 다른 사람들과의 교제에서 불쾌감을 유발하지 않고 자제할 줄 아는 습관, 일상 외교의 기술, 궁정인들과의 사교 모임에서 당연시되는 태도로서 자신의 말과 행동이 그때그때 대화 상대자에게 주는 인상을 예상할 수 있는 능력 등은 그에게 전무했다. 그도 자신을 감출 수 있었고 사소한 거짓말을 하기도 했지만 능수능란하지는 못했다. 그는 자신이 마음 내키는 대로 행동할 수 있는 집단의 사람들과 함께 있을 때 가장 편안해했다. 성장 과정에서 모차르트는, 머리에 떠오르기만 하면 거칠고 불결한 것에 대해서도 거침없이 말하고 싶은, 거의 강박적인 욕구를 보였던 적도 많이 있었다. [···] 지배 계층에서 사용되고 기대되는 사교술은 원래부터 그에게 낯설고 또 비위에도 맞지 않기 때문에 그는 이 궁정 귀족 세계에서 편안함을 느낄 수가 없었다. 모차르트는 그 세계에 대해 단호하게 국외자로 남았고, 적대감과 반항심을 키워갔다."[65]

모차르트는 자신이 마음껏 행동할 수 있는 사람들과 함께 있을 때 가장 편안함을 느꼈으며, 어느 자리에서든—심지어 궁정 귀족 앞에서도—자신이 느끼고 생각하는 바를 다른 이들이 어떻게 받아들일지를 고려하지 않은 채 직설적으로 표현하곤 했다.[66] 조건 없는 자유와 평등을 갈망했던 그가 이 오페라에서 진정으로 그리고자 했던 세계는 어쩌면 자라스트로의 세계가 아니라, 파파게노의 세계였는지도 모른다. 파파게노의 세계는 한 인간의 젠더, 인종, 계층, 장애, 종교, 성적 지향, 국적 등 다양한 조건과 무관하게 인간으로서의 고유한 가치와 존엄성이 인정받는 세계이다. 다시 말해, '선'이 작동하는 기준이 제한된 범위에 갇히지 않고 무한히 확장되어 진정한 보편성을 획득한 세계를 보여준다. 1막 2장에서 파파게노와 타미노 왕자가 처음 만나 대화를 나누는 장면은 이러한 세계관이 드러나는 중요한 순간 중 하나이다.

[1막 2장][67]

타미노: 어이, 자네!

파파게노: 뭐요?

타미노: 굉장히 즐거워 보이는데, 자네는 누군가?

파파게노: 누구냐고? 바보 같은 질문이군. 당신과 같은 사람이다. 그런 당신은?

타미노: 알고 싶다면 말해 주지. 나는 어느 나라의 왕족 태생이다.

파파게노: 그렇게 어렵게 말하지 말고, 좀 더 쉽게 말해 주시오.

타미노: 나의 아버지는 많은 나라를 갖고 있고, 많은 사람들을 다스리지. 그러니까 나는 왕자다.

파파게노: 많은 나라들? 그럼, 당신이 왕자?

타미노: 그러니까 자네에게 묻는 것이다.

파파게노: 잠깐만요. 그러면 이 산 저 편에도 많은 나라들이 있다는 겁니까?

타미노: 많은 나라들이 있지.

파파게노: 그럼 이 새들을 가지고 가면 틀림없이 많이 팔리겠군.

타미노: 그건 그렇고, 여기는 어딘가?

파파게노: 어디냐고? 산과 골짜기 사이지!

타미노: 아, 그렇군! 누가 지배하는 영토이고, 뭐라고 하는 나라인가?

파파게노: 그렇게 복잡한 걸 알게 뭐람. 내가 어떻게 이 세상에 나왔는지도 모르는데.

타미노: (웃으며) 뭐라고? 그럼 자네는 태생도, 부모도 모른단 말인가?

파파게노: 몰라요. 이상하고 재미있는 할아버지가 나를 길러 준 것밖에.

타미노: 그 사람이 아마도 아버지였겠지?

파파게노: 그건 나도 몰라요.

타미노: 그럼 어머니도 모르는가?

파파게노: 모르지요! 사람들 말로는 나의 어머니는 저기 굳게 닫힌 궁전 안에서 별들로 반짝거리는 밤의 여왕을 시중드는 사람이라고 하던데. 만난 적도 없고, 살아 있는지 죽었는지도 전혀 몰라요. 알고 있는 건 비바람을 피할 수 있는 나의 작은 집이 이 근처에 있다는 것밖에.

타미노: 그럼 자네는 어떻게 살아가는가?

파파게노: 그야, 다른 사람들처럼 먹고 마시면서 살지요.

자신이 누구냐고 묻는 타미노에게 파파게노는 "누구냐고? 바보 같은 질문이군. 당신과 같은 사람이지"라고 대답한다. 이번에는 파파게노가 타미노에게 묻자, 타미노는 자신이 "어느 나라의 왕족 태생"이라고 답한다. 이에 파파게노는 "그렇게 어렵게 말하지 말고, 좀 더 쉽게 말해 달라"고 말한다. 타미노는 이어서 "나의 아버지는 많은 나라를 다스리며, 많은 백성을 거느리고 있지. 그러니까 나는 왕자야"라고 말한다. 이제야 파파게노가 타미노의 정체를 알아챈 듯하지만, 그의 반응은 엉뚱하다. "그럼 이 새들을 당신에게 가져가면 틀림없이 비싸게 팔리겠군." 타미노 왕자와는 달리, 자신이 어떻게 이 세상에 태어났는지도 모르고, 그저 다른 사람들처럼 먹고 마시며 살아가는 파파게노와의 대화는 끝내 평행선을 그린다. 타미노를 만나기 직전 부르는 아리아에서 파파게노는 "정말로 즐거운 인생이지, 모든 새는 내 것이야"라고 노래하며, 소박한 행복에 젖어 있다. 마술피리의 작가들은 젠더, 인종, 계층 등 다양한 조건과 무관하게 인간의 가치와 존엄성이 인정받는 세계―즉 '선'의 가치가 작동되는 범주가 무한히 확장되어 진정한 보편성을 획득한 세계―를, 신분은 낮지만 영토도, 나라의 개념도, 왕자라는 존재조차 모르는 파파게노의 세계를 통해 우리에게 보여주고 있는 것은 아닐까?

오페라 〈마술피리〉는 계몽주의 시대의 모순과 부조리를 드러내는 오페라이자, 18세기 유럽 사회에 깊이 뿌리내린 계층, 젠더, 인종 이데올로기를 그대로 '반영'함과 동시에 이를 '비판하는 작품이다. 다시 말해, '선'이라는 가치가 보편성을 획득하지 못했던 시대에 대한 비판적 성찰을 담고 있다고 할 수 있다. 밤의 여왕과 자라스트로가 대표하는 '선'이 각각 자신들의 세계 안에서만 유효하다면, 과연 그것을 진정한 선이라 할 수 있을까? 선과 악의 대립보다 오히려 선과 선, 진리와 진리의 충돌이 때로는 훨씬 더 잔인하고 폭력적일 수 있다. 실제로 역사는 각자의 신과 민족, 이념의 이름으로 자행된 수많은 폭력을 우리에게 보여주고 있다. 〈마술피리〉는 선과 악의 이분법을 단순히 구분하려 하지 않는다. 오히려 선과 악의 경계는 시공간의 맥락 없이 절대적인 것으로 이해될 수 없으며, 특정한 질서나 이념 내에서만 작동하는 선은 진정한 선일 수 없음을 시사한다. 인종, 젠더, 계층 문제에 대해 명확한 견해를 제시하기보다는 그러한 현실을 있는 그대로 드러내고 있다. 또한 소박하고 자연스러운 고전주의 양식과 화려하고 과장된 상징적 음악 양식을 병치함으로써, 고전적 예술 형식이 추구하던 조화와 균형을 해체하고, 그 결과 시대의 모순과 분열을 화해되지 않은 분열 그 자체로 표현한다.

추천 DVD

모차르트의 〈궁전탈출〉(Die Entführung aus dem Serail, C MAJOR, 2019)

1964년 EMI에서 발매된 이 음반은 BBC가 선정한 '역사상 가장 위대한 50개의 녹음' 중 하나이며, 다수의 평론가들로부터 최고의 〈마술피리〉 음반으로 평가받고 있다. 오토 클렘페러(Otto Klemperer)의 지휘로, 루치아 포프(Lucia Popp), 고틀로브 프릭(Gottlob Frick), 군둘라 야노비츠(Gundula Janowitz), 니콜라이 게다(Nicolai Gedda) 등 당대 최고의 성악가들이 참여해 큰 화제를 모았다. 전통에 기반한 엄격하고 분석적인 해석으로도 유명하다.

참고문헌

박구용. "예술의 종말과 자율성." 『사회와 철학』 12 (2006): 57-98.

_____. "헤겔 미학의 체계와 현재성." 『민주주의와 인권』 8/2 (2008): 309-338.

서정혁, "헤겔의 미학에서 예술 형식과 역사철학의 관계." 『현상과 인식』 42/1 (2018): 145-205.

임홍빈. "헤겔미학의 정치적 함축: 고전예술론을 중심으로." 『철학연구』 51 (2015): 57-80.

전수연. "〈마술피리〉: 프리메이슨 오페라?" 『역사와 문화』 11 (2006): 188-221.

Braunbehrens, Volkmar. *Mozart in Vienna 1781–1791*. Translated by Timothy Bell, New York: Grove Weidenfeld, 1989.

Brown, Jane. "The Queen of the Night and the Crisis of Allegory in The Magic Flute." *Goethe Yearbook* 8 (1996): 142–156.

Buch, David J. "Mozart and the Theater auf der Wieden: New Attributions and Perspectives." *Cambridge Opera Journal* 9/3 (1997): 195–232.

Chailley, Jacques. *The Magic Flute, Masonic Opera: An Interpretation of the Libretto and the Music.* Translated by Herbert Weinstock. New York: Da Capo Press, 1982.

Einstein, Alfred. *Mozart · Sein Charakter-Sein Werk*. Frankfurt am Main: Fischer Taschenbuch Verlag, 1991.

Elias, Norbert. 『모차르트, 사회적 초상』. 박미애 역. 서울: 포노, 2018.

Grout, Donald Jay, Claude V. Palisca and J. Peter Burkholder. 『그라우트의 서양음악사제7판 (상)』. 민은기 오지희 이희경 외 역. 서울:이앤비플러스, 2007.

Gruber, Gernot and Alfred Orel. *Die_Zauberflote: Neue Mozart-Ausgabe. Serie II, Werkgruppe 5 [NMA II/5/19]*. Kassel: Barenreiter-Verlag, 1970.

Hegel, Georg Wilhelm Friedrich. 『헤겔 미학 Ⅰ』. 두행숙역. 나남출판, 1996.

_____. *Vorlesungen uber die Philosophie der Kunst. Herausgegeben von A. Gethmann-Siefert*. Hamburg: Felix Meiner Verlag, 2003.

Landon, H. C. Robbins. *Mozart and the Masons: New Light on the Lodge "Crowned Hope."* London: Thames and Hudson, 1982.

Leeuwe, Hans de. "Monostatos: Zur Deutung einer Rolle in Mozarts 'Zauberflote'." *Mitteilungen der Internationalen Stiftung Mozarteum* 38/1–4 (1990): 122–137.

Losel, Steffen. "Racism in Die Zauberflote." *An Interdisciplinary Journal* 102/4 (2019): 275-324.

McGarr, Paul. 『모차르트 – 혁명의 서곡』. 정병선 역. 서울: 책갈피, 2002.

Nissen, Georg Nikolaus. Biographie *W. A. Mozarts—Kommentierte Ausgabe*. Edited and Commented by Rudolph Angermuller. New York: Georg Olms Verlagsbuchhandlung, 2010.

Parouty, Michel. 『모차르트』. 권은미 역. 서울: 시공사, 2006.

Perl, Helmut. Der Fall *"Zauberflote": Mozarts Oper im Brennpunkt der Geschichte*. Darmstadt: Wissenschaftliche Buchgesellschaft, 2000.

Rosen, Charles. 『고전적 양식』. 장호연 역. 서울: 풍월당, 2021.

Tettlebaum, Marianne. "Whose Magic Flute?" *Representations* 102/1(2008): 76-93.

Till, Nicholas. *Mozart and the Enlightenment: Truth, Virtue and Beauty in Mozart's Operas*. London and Boston: Faber and Faber, 1992.

Zeman, Herbert. "Aber ich horte viel von Pamina, viel von Tamino: Wer kennt den Text der Zauberflote?" In *Das deutsche Singspiel im 18. Jahrhundert*, Gesamthochschule Wuppertal, Universitat Munster, Amorbach vom 2. bis 4. Oktober 1979. Herausgegeben von Gesamthochschule Wuppertal Arbeitsstelle Achtzehntes Jahrhundert, 139-169. Heidelberg: C. Winter, 1981.

미주

1. 본 글은 필자의 다음의 글을 재구성한 것임을 밝힘. 이혜진. "모차르트의 오페라 마술피리 에 나타난 선악의 해체적 사유." 『음악논단』 52 (2024), 1-29.

2. 전수연, "〈마술피리〉: 프리메이슨오페라?," 『역사와 문화』 11 (2006), 191.

3. H. C. Robbins Landon, *Mozart and the Masons: New Light on the Lodge "Crowned Hope"* (London: Thames and Hudson, 1982); Volkmar Braunbehrens, *Mozart in Vienna 1781–1791*, trans. Timothy Bell (New York: Grove Weidenfeld, 1989), 226–66; Jacques Chailley, *The Magic Flute, Masonic Opera: An Interpretation of the Libretto and the Music*, trans. Herbert Weinstock (New York, 1971).

4. 『세계오페라전집: DIE ZAUBERFLÖTE』, 147.

5. Steffen Lösel, "Racism in Die Zauberflöte," *An Interdisciplinary Journal* 102/4 (2019), 301.

6. Nicholas Till, *Mozart and the Enlightenment: Truth, Virtue and Beauty in Mozart's Operas* (London and Boston: Faber and Faber, 1992), 221.

7. Lösel,"Racism in Die Zauberflöte," 279.

8. 『세계오페라전집: DIE ZAUBERFLÖTE』, 141.

9. 『세계오페라전집: DIE ZAUBERFLÖTE』, 171.

10. 『세계오페라전집: DIE ZAUBERFLÖTE』, 78-80.

11. 1막 10장, 1막 11장.

12. 2막 7장, 2막 10장, 2막 11장.

13. 1막 19장, 2막 11장.

14. 2막 11장. 『세계오페라전집: DIE ZAUBERFLÖTE』, 181.

15. 2막 7장. 『세계오페라전집: DIE ZAUBERFLÖTE』, 168-170.

16. Georg Nikolaus Nissen, *Biographie W. A. Mozarts—Kommentierte Ausgabe*, ed. and commented by Rudolph Angermüller (Hildesheim, Zürich, and New York: Georg Olms Verlagsbuchhandlung, 2010), 604; Lösel, "Racism in Die Zauberflöte," 275에서 재인용.

17. Chailley, The Magic Flute, Masonic Opera, 290.

18. Chailley, The Magic Flute, Masonic Opera, 107.

19. Hans de Leeuwe, "Monostatos: Zur Deutung einer Rolle in Mozarts 'Zauberflöte'," *Mitteilungen der Internationalen Stiftung Mozarteum* 38/1–4 (1990), 125.

20. Leeuwe, "Monostatos: Zur Deutung einer Rolle in Mozarts 'Zauberflöte'," 133.

21. Helmut Perl, *Der Fall "Zauberflöte": Mozarts Oper im Brennpunkt der Geschichte* (Darmstadt: Wissenschaftliche Buchgesellschaft, 2000), 70–71; Lösel, "Racism in Die Zauberflöte," 285에서 재인용.

22. 전수연, "〈마술피리〉: 프리메이슨오페라." 188-211.

23. Marianne Tettlebaum, "Whose Magic Flute?" *Representations* 102/1 (2008), 77.

24. Jane Brown, "The Queen of the Night and the Crisis of Allegory in The Magic Flute," *Goethe Yearbook* 8 (1996), 143.

25. Brown, "The Queen of the Night and the Crisis of Allegory in The Magic Flute," 143.

26. Tettlebaum, "Whose Magic Flute?" 77.

27. 전수연, "〈마술피리〉: 프리메이슨오페라?" 206.

28. Georg Wilhelm Friedrich Hegel, 『헤겔 미학 Ⅰ』, 두행숙 역 (서울: 나남출판, 1996), 28.

29. Hegel, 『헤겔 미학 I』, 28.

30. Hegel, 『헤겔 미학 I』, 41.

31. 서정혁, "헤겔의 미학에서 예술 형식과 역사철학의 관계," 『현상과 인식』 42/1 (2018), 149.

32. Hegel, 『헤겔 미학 I』, 128.

33. Hegel, 『헤겔 미학 I』, 127-134.

34. Hegel, 『헤겔 미학 I』, 130.

35. Hegel, 『헤겔 미학 I』, 128-129.

36. 서정혁, "헤겔의 미학에서 예술 형식과 역사철학의 관계," 150.

37. Hegel, 『헤겔 미학 I』, 130.

38. Hegel, 『헤겔 미학 I』, 131.

39. Hegel, 『헤겔 미학 I』, 132.

40. Hegel, 『헤겔 미학 I』, 131.

41. 서정혁, "헤겔의 미학에서 예술 형식과 역사철학의 관계," 152.

42. 박구용, "헤겔 미학의 체계와 현재성," 『민주주의와 인권』 8/2 (2008), 336; 박구용, "예술의 종말성과 자율성," 『사회와 철학』 12 (2006), 77.

43. Donald Jay Grout, Claude V. Palisca and J. Peter Burkholder, 『그라우트의 서양음악사 제7판 (상)』, 민은기 오지희 이희경 외 역 (서울: 이앤비플러스, 2007), 516.

44. Grout, Palisca and Burkholder, 『그라우트의 서양음악사 제7판 (상)』, 516.

45. Grout, Palisca and Burkholder, 『그라우트의 서양음악사 제7판 (상)』, 518.

46. 서정혁, "헤겔의 미학에서 예술 형식과 역사철학의 관계," 151-152.

47. Charles Rosen, 『고전적 양식』(The Classical Style), 장호연 역 (서울: 풍월당, 2021), 526.

48. Rosen, 『고전적 양식』, 528.

49. 박구용, "예술의 종말성과 자율성," 74.

50. Hegel, 『헤겔 미학 Ⅰ』, 90.

51. 박구용, "예술의 종말성과 자율성," 69.

52. Hegel, 『헤겔 미학 Ⅰ』, 95; 박구용, "예술의 종말성과 자율성," 69에서 재인용.

53. Hegel, 『헤겔 미학 Ⅰ』, 95.

54. 박구용, "예술의 종말성과 자율성," 74.

55. Hegel, 『헤겔 미학 Ⅰ』, 90.

56. 박구용, "예술의 종말성과 자율성," 69.

57. Hegel, 『헤겔 미학 Ⅰ』, 95; 박구용, "예술의 종말성과 자율성," 69에서 재인용.

58. Hegel, 『헤겔 미학 Ⅰ』, 95.

59. Grout, Palisca and Burkholder, 『그라우트의 서양음악사 제7판 (상)』, 516.

60. 박구용, "예술의 종말성과 자율성," 74.

61. 박구용, "예술의 종말성과 자율성," 74.

62. 서정혁, "헤겔의 미학에서 예술 형식과 역사철학의 관계," 153.

63. Hegel, G. W. F., *Theorie Werkausgabe in zwanzig Bänden*(Frankfurt am Main: Suhrkamp Verlag, 1969ff), 128; 서정혁, "헤겔의 미학에서 예술 형식과 역사철학의 관계," 153에서 재인용.

64. 서정혁, "헤겔의 미학에서 예술 형식과 역사철학의 관계," 153.

65. Norbert Elias, 『모차르트, 사회적 초상』(Mozart: portrait of a genius), 박미애 역 (서울: 포노, 2018), 146.

66. Elias, 『모차르트, 사회적 초상』, 146.

67. 『세계오페라전집: DIE ZAUBERFLÖTE』, 39-40.

제3장

온 세상이 떨리는 사랑
베르디의 〈라 트라비아타〉(1853)

글 · 유선옥

〈작품 정보〉

작곡: 주세페 베르디(Giuseppe Verdi, 1813-1901)

대본: 프란체스코 마리아 피아베(Francesco Maria Piave, 1810-1876)

원작: 알렉상드르 뒤마 피스(Alexandre Dumas fils, 1824-1895) 『동백꽃 여인』(La dame aux camelias)

초연: 1853년 3월 6일 베네치아의 라 페니체 극장

구성: 3막

1. 알프레도의 사랑 고백

2. 비올레타의 사랑: 1막 5장

3. 비올레타의 '희생': 2막과 3막

4. 비올레타의 '자기구원': 3막 7장과 서곡

맺음말: 베르디가 자신의 연인에게 건네는 위로

온 세상이 떨리는 사랑
베르디의 〈라 트라비아타〉(1853)

글·유선옥

주세페 베르디(Giuseppe Verdi, 1813-1901)의 〈라 트라비아타〉(*La Traviata*, 1853)는 전 세계 사람들에게 사랑받는 오페라 중 하나로, 1948년 우리나라에서 처음으로 공연된 유럽의 오페라 이기도 하다. 연인 간의 비극적 사랑 이야기를 그린 이 오페라는 알렉상드르 뒤마 피스(Alexandre Dumas fils, 1824-1895)의 소설 『동백꽃 여인』(*La dame aux camelias*)을 원작으로 한다. 뒤마 피스는 『삼총사』(*Les Trois Mousquetaires*, 1844), 『몬테크리스토 백작』(*Le Comte de Monte-Cristo*, 1845–1846) 등을 집필한 유명한 소설가 알렉상드르 뒤마(Alexandre Dumas, 1802-1870)의 사생아로, 사회적 차별을 받았을 뿐만 아니라 아버지에게도 자신의 이름과 명성을 상업적으로 이용한다는 노골적 비난을 받을 정도로 아들로서 인정받지 못하였다. 그는 이러한 개인적인 경험과 당시 사회의 문제의식을 반영하여 『사생아』(*Le Fils naturel*, 1858)와 같은 사실주의적 작품을 빈번하게 집필했으며, 『동백꽃 여인』도 그 중 하나다.

『동백꽃 여인』은 뒤마 피스가 한때 연인이었던 코르티잔(Courtesan) 마리 뒤플레시(Marie Duplessis, 1824-1847)가 폐결핵으로 세상을 떠나자, 그녀를 추억하는 동시에 당시 파리 사교계의 향락적인 생활과 이중 윤리를 고발하기 위해 쓴 작품이다. 코르티잔은 상류층을 상대하는 고급 매춘부로 사회적으로 부도덕하다는 비난을 받았지만, 다른 한편으로는 아름다움과 세련된 태도, 그리고 우아한 대화로 선망의 대상이 되기도 하였다. 그러나 강한 성적 매력을 내세워 사치를 부리는 코르티잔은 당시 사회에서 부도덕함의 상징으로 여겨졌다. 실제로 오페라의 제목 '라 트라비아타'도 옳은 길에서 벗어난 '타락한 여자'를 뜻하는 것으로, 코르티잔인 비올레타를 가리킨다. 흥미로운 점은 제목에서 알 수 있듯이, 이 오페라는 영웅적인 남자 주인공에 의해 주도되던 이전의 오페라와는 달리, 부도덕한 여자 주인공에 의해 이끌어진다는 것이다. 비올레타는 3막으로 구성된 이 오페라에서 2막 2장을 제외하고는 결코 무대 위를 떠나지 않는다. 이처럼 〈라 트라비아타〉는 타락한 여인 비올레타에 초점이 맞추어져 있다.

하지만 작곡가 베르디는 코르티잔 비올레타를 비천하거나 부도덕한 인물로 그려내지 않았다. 그는 자신의 첫 번째 오페라에서부터 마지막 오페라에 이르기까지 빈번하게 사용한[1] 반복적인 주제 선율을 통해, 비올레타의 강렬하고도 극적인 내면의 감정을 음악으로 표현하였다. 음악학자 조셉 커먼(Joseph Kerman, 1924-2014)이 "오페라의 메시지는 대본의 줄거리가 아니라 음악에 의해 조작된 것이다. 오페라의 음악적 의미는 언어적(그리고 연출적) 의미보다 우선되며, 오페라의 음악은 줄거리와 대본을 변형시킨다."[2]라고 언급하였듯이, 음악은 타락한 비올레타의 비극적 사랑만을 드러내지 않는다. 특히 〈라 트라비아타〉에 사용된 반복되는 주제 선율은 중심적인 극적 아이디어로 고안되었는데, 베르디가 주제 선율의 재사용을 통해 〈라 트라비아타〉의 이야기를 어떻게 새롭게 풀어냈는지 살펴보도록 하자.

1. 알프레도의 사랑 고백

코르티잔 비올레타는 폐결핵에 시달리면서도 매일 밤 향락적인 삶을 즐기고 있다. 폐결핵은 19세기 당시 문란한 성관계와 술 등과 같이 신체적·도덕적 일탈에서 비롯된다고 여겨진 질병이었다.[3] 특히 폐결핵은 '백색 전염병'이라고 불릴 정도로 얼굴을 창백하게 만들고 뺨을 붉게 물들이고 때로는 빨간 피를 토하게 하여 여성에게는 아름다움, 특히 강력한 성적 매력을 발휘하는 것으로 간주되었다.[4]

그러던 중, 순진한 부르주아 청년 알프레도는 한 파티에서 비올레타를 만나 사랑에 빠진다. 병으로 고통 받는 그녀를 1년 동안 먼발치에서 지켜보며 사랑을 키워오던 그는 마침내 자신의 마음을 고백한다.

Un di' felice, eterea,	언젠가 그 아름답던 날,
Mi balenaste innante.	내게 빛이 밝아오는 것을 느꼈어요.
E da quel di' tremante	그리고 떨리는 그날 이래로
Vissi d'ignoto amor.	미지의 사랑 속에 살게 되었어요.
Di quell'amor ch'e' palpito	그 사랑의 두근거림이
Dell'universo intero.	온 세상이 떨리는 것 같았어요.
Misterioso, altero,	이상한 것은, 날 차지하고 있다는 거예요.
Croce e delizia al cor.	내 마음 속의 고통과 기쁨이

알프레도의 칸타빌레(cantabile) "언젠가 그 아름답던 날"(Un di' felice, eterea)은 느린 3/8박자의 F장조로, 쉼표에 의해 끊어지는 선율로 조심스럽게 시작한 후 한 옥타브 내에서 서서히 상행하다가 하행하는 단순한 형태로 진행된다. 이 노래의 절정은 5-6행의 "그 사랑의 두근거림이 온 세상이 떨리는 것 같았어요"로, 이 선율은 이후 극의 중요한 순간마다 반복되는 주제 선율이 된다(악보 1).

악보 1. 1막 3장 알프레도의 칸타빌레 "언젠가 그 아름답던 날" 마디 16-31

비올레타를 향한 알프레도의 사랑은 고통과 기쁨이 공존하는 신비로운 것으로, 이는 일명 로맨틱 화성이라고 불리는 ♭6의 화성으로 반영된다.

이처럼 알프레도의 사랑 고백에서 처음 등장한 '온 세상이 떨리는 사랑'의 선율은 이후 비올레타의 노래에서 결정적인 순간마다 반복됨으로써, 알프레도의 진실한 사랑이 그녀의 삶을 새롭게 변화시킬 것임을 암시한다.

2. 비올레타의 사랑: 1막 5장

알프레도의 사랑 고백을 들은 비올레타는 혼란스럽다. 대부분의 남성들이 자신을 육체적인 욕망의 대상으로 바라본 것과는 다르게, 알프레도는 그녀를 하나의 인격체로 존중하며 진정으로 사랑해 주고 있기 때문이다.현실적인 코르티잔이었던 비올레타는 사랑 때문에 자신의 삶을 낭비할 수 없기에 그의 고백을 애써 외면하려 한다. 그러나 알프레도의 진심은 그녀 내면 깊숙이 숨겨져 있던 순수한 사랑에 대한 갈망을 자극하였고, 결국 그녀는 지금까지 자신을 지탱해온 코르티잔으로서의 삶마저도 포기할 각오를 하게 된다. 이처럼 알프레도의 '온 세상이 떨리는 사랑'은 비올레타의 인생을 이전과는 완전히 다르게 변화시킨다.

이러한 내적 갈등과 변화는 비올레타의 칸타빌레 "아, 아마도 그이였던가?"(Ah for'é lui che l'anima)에서 뚜렷하게 드러난다. 느린 3/8박자의 f단조로, 쉼표로 중단되는 선율과 단순한 형식으로 이루어져 있는 이 아리아는 앞서 제시된 알프레도의 칸타빌레와 유사하게 진행하다, F장조로 전조되는 마디 29부터는 동일해진다(악보 2).

악보 2. 1막 5장 비올레타의 칸타빌레 "아, 아마도 그이였던가?" 마디 29-38

이처럼 비올레타가 알프레도의 노래를 그대로 반복하는 것은 그녀가 수동적으로 사랑을 받아들이는 모습 뿐만 아니라, '온 세상이 떨리는 사랑'이 자신의 고백으로 변화해 가는 과정 속에서 일어나는 내적 변화를 암시한다.

이처럼 비올레타는 알프레도와의 순수한 사랑을 꿈꾸며 설레지만, 곧 자신의 처지를 깨닫는다. 이러한 내적 갈등은 그녀의 카발레타(cavaletta) "언제나 자유롭게"(Sempre libera)에서 분명해진다. 이 곡은 앞서 등장한 칸타빌레 "아 아마도 그이였던가?"와 대조적으로, 빠르고 화려한 기교가 돋보인다. 알프레도와의 진정한 사랑을 꿈꾸던 비올레타는 이내 그것이 얼마나 부질없는 희망이었는지 깨닫는다. 그녀는 부유한 남성들의 욕망의 대상인 코르티잔으로 살아가며, 부도덕한 여인이라는 낙인이 찍혀 있으며, 폐결핵으로 언제 죽을지 모른다. 결국 현실을 직시한 그녀는 지금까지 살아온 것처럼 자유롭게 화려한 삶을 계속 살겠다고 다짐한다.

그러나 이러한 결심을 문자 그대로 해석해서는 안 된다. 오히려 그 반대이기 때문이다. 비올레타는 끊임없이 새로운 즐거움을 찾아다니는 '자유로운' 삶을 사는 것이 아니라, 냉혹한 현실 속에서 코르티잔이라는 직업과 그 보상에 의존하여 살아갈 수밖에 없는 여성인 것이다. 겉으로는 화려하고 자유로워 보이지만, 실상은 자신을 소비해주는 부유한 남성들의 '노예'에 불과하다.[5] 따라서 그녀는 알프레도와의 진정한 사랑을 통해 이 삭막하고 외로운 삶에서 벗어나기를 갈망한다. 이처럼 카발레타 "언제나 자유롭게"는 비올레타가 알프레도의 사랑을 거부하고 화려하고 자유로운 삶을 추구하는 것처럼 보이지만, 실상은 그녀의 내면 깊숙이 자리한 죄책감과 두려움, 그리고 절망에서 비롯된 자기혐오의 표현이다.[6] 비올레타는 순수한 사랑을 열망하지만, 자신이 타락한 여자임을 인식하고 있었기 때문에, 결국 다시 본래의 방탕한 삶으로 돌아가려 한다.

그러나 비올레타의 결심은 오래가지 못한다. 무대 밖 "발코니 아래에서"(*sotto al balcone*)[7] 울려 퍼지는 알프레도의 '온 세상이 떨리는 사랑'의 주제가 다시 등장하며 그녀의 다짐을 흔든다. 이 주제 선율은 빠른 6/8박자의 카발레타와 대조를 이루며, 본래의 느린 3/8박자로 전환되지만, 여전히 카발레타와 같은 A♭ 장조로 나타난다(악보 3).

악보 3. 1막 5장 비올레타의 카발레타 "언제나 자유롭게" 중, 마디 36-43

비올레타는 무대 밖에서 들려오는 알프레도의 목소리에 다시금 혼란에 빠진다. 이에 그녀는 더욱 화려한 선율로 '쾌락'(diletti)을 노래하며 알프레도의 사랑을 지워내려 애쓰지만, 주제 선율은 그녀의 의지를 무너뜨리듯 빠른 6/8박자에서 앞의 두 마디의 선율을 반복하며 끊임없이 맞선다. 이 이중주에서 알프레도와 비올레타는 각각 '사랑'과 '쾌락'과 같이 서로 다른 가사를 노래하지만, 두 사람이 함께 부르는 첫 번째 강박에서 으뜸음 A♭음을 동일하게 부름으로써, 결국 두 사람이 원하는 것이 같음을 암시한다(악보 4).

악보 4. 1막 5장 비올레타의 카발레타 "언제나 자유롭게" 중, 마디 79-82

순수한 부르주아 청년 알프레도와 세상에 닳고 닳은 타락한 여인 비올레타는 극의 초반에 전혀 다른 인물로 등장하지만, 1막이 끝날 무렵 두 사람은 A♭음으로 음악적으로 하나가 된다.[8] 주제 선율의 재사용을 통해 비올레타는 자신의 내면 깊숙이 자리한 순수한 사랑에 대한 갈망을 인정하게 되고, 결국 코르티잔으로서 누렸던 화려한 삶을 모두 포기하고 알프레도와의 진정한 사랑을 선택한다.

3. 비올레타의 '희생': 2막과 3막

파리 외곽에서 알프레도와 동거하게 된 비올레타에게 시련이 닥치는 2막은 〈라 트라비아타〉의 핵심 장면이다. 알프레도의 아버지 제르몽은 프로방스 출신의 고결하고 종교적인 인물로, 자신의 아들과 비올레타에 대한 추문이 계속되자 두 사람을 헤어지게 하기 위해 그녀를 찾아온다. 그는 먼저 '천사처럼 순수한' 자신의 딸이자 알프레도의 여동생의 결혼이 파탄날 위기에 처했음을 이유로 들어, 비올레타에게 알프레도와 헤어져 줄 것을 요구한다. 그리고 그의 설득은 점점 더 냉정하고 가혹해진다. 그는 비올레타를 자신의 순결한 딸과 비교하며 타락한 여성으로 몰아붙일 뿐만 아니라, 시간이 흐르면 그녀의 아름다움이 사라지고 알프레도의 사랑도 변할 것이며, 신조차도 부도덕한 그녀를 구원하지 못할 것이라며 이별을 강요한다. 이처럼 제르몽은 도덕성과 세속적 가치, 그리고 가족의 명예를 상징하는 인물이다.

한편, 비올레타는 제르몽의 잔인한 설득에 맞서 필사적으로 저항하며 자신의 처지를 호소한다. 그녀는 처음에는 알프레도의 여동생이 결혼할 때까지만 떨어져 있겠다고 타협을 시도하고, 이어 자신이 곧 죽을지도 모르는 병에 걸렸으며, 가족도 친구도 없는 외로운 존재라고 하소연한다. 그리고 오직 알프레도에 대한 사랑만이 타락한 자신의 삶을 구원했다고 눈물로 애원한다. 대본상에서 제르몽은 부도덕한 비올레타에게 적대적이지만, 베르디의 음악은 꼭 그렇지만은 않다. 그의 냉혹한 말과는 달리, 음악은 비올레타의 고통에 공감하듯 부드럽고 따뜻하게 표현된다.[9] 특히 비올레타가 절망 속에서 눈물을 흘리는 장면에서는 제르몽이 그녀에게 울음(Piangi)을 허용할 뿐만 아니라, 그 역시 감동받아 눈물을 보인다.[10]

결국 비올레타는 사랑하는 알프레도와 그의 가족을 위해 이별을 결심한다. 이때 그녀는 "가련한 자여, 타락한 여자의 모든 희망이 다시 살아나지 못하는구나"(*Così alla misera, ch'è un di caduta, Di più risorgere speranza è muta!*)라고 독백(da sè)하는데, 이 장면에서는 앞서 제시된 '온 세상이 떨리는 사랑'의 주제 선율이 변형되어 등장한다(악보 5).

악보 5. 2막 5장 비올레타의 독백

A♭장조의 2/4박자에서 다시 등장하는 이 주제 선율은 리듬과 선율이 약간 변형되었지만, 유사한 요소들이 많이 남아 있어 원래의 주제 선율을 충분히 상기시킨다. 알프레도와의 이별을 결심하는 이 부분에서 '온 세상이 떨리는 사랑'의 주제 선율이 재사용된 것은 비올레타의 절망과 더불어 진정한 사랑으로 고결한 희생을 결단할 수 있었음을 더욱 극적으로 부각한다. 이를 통해 비올레타의 사랑이 단순한 감정을 넘어, 희생이 수반되는 숭고한 사랑임을 보여준다. 한편, 이 주제 선율은 F♭ –E♭ –D♭의 반음계적 진행과 ♭6를 통해 사랑하기 때문에 이별할 수 밖에 없는 비올레타의 절망감을 한층 더 강조하여 준다. 이 장면에서 코르티잔인 비올레타는 부르주아 계층의 제르몽보다 도덕적으로 우위에 선다. 그녀는 다른 사람을 위해 자신의 모든 희망을 포기하는 고결한 희생을 통해 자신의 미덕을 드러내지만, 제르몽은 그녀의 희생에 대해 칭찬하며 미래에 있을 행복을 이야기할 뿐이다.[11]

그리고 '온 세상이 떨리는 사랑'의 주제 선율은 2막 6장에서 또 다시 등장한다. 알프레도를 떠나기로 결심한 비올레타는 집에 돌아온 그를 보자 흐르는 눈물을 애써 참으며, 그에게 자신을 사랑하냐고 묻는다. 벅차오르는 감정을 억누른 비올레타는 알프레도에게 "날 사랑해줘요, 알프레도! 내가 이렇게 당신을 사랑하는 것처럼 날 사랑해줘요."(*Amami, Alfredo, amami quant'io t'amo ... amami, alfredo*)라고 말한 뒤, 그에게 마지막 작별 인사(Addio)를 남기고 정원으로 뛰어간다. 이 장면에서 중심 주제 선율은 변형되어 되풀이 된다. F장조의 4/4박자에서 나오는 이 선율은 리듬형과 선율형이 확장된다(악보 6).

악보 6. 2막 6장 비올레타의 아리아

결국 비올레타는 사랑하는 알프레도의 가족을 위해 고귀한 결단을 내리고 그를 떠난다. 그러나 역설적이게도 비올레타가 보여준 이 고귀한 미덕은 그녀가 또 다시 도덕적이지 못한, 타락한 코르티잔으로 되돌아오게 만든다.[12] 이처럼 비올레타의 희생은 도덕적 고결함을 보여주지만, 현실은 그녀를 부도덕한 이전의 자리로 돌려놓으며, 비극적 아이러니를 드러낸다. 비올레타의 고귀한 희생을 알지 못하는 알프레도는 그녀가 쾌락과 물질에 탐닉한 나머지 자신을 배신했다고 오해하며, 그녀를 공개적으로 비난하기에 이른다. 그러나 제르몽과의 약속으로 비올레타는 아무런 변명도 하지 못한 채 침묵을 지킨다.

　　한편, 심각해진 폐결핵으로 병상에 누워 있는 비올레타는 제르몽으로부터 온 편지를 소리 내어 읽는다. 제르몽은 비올레타에게 약속을 지켜줘서 고맙다고 전한 뒤, 그녀의 고귀한 희생(sagrifizio)을 깨닫고 알프레도에게 이 모든 사실을 밝혔음을 고백한다. 또한 알프레도가 비올레타에게 용서를 빌기 위해 가고 있으며, 자신도 곧 도착할 것이라고 알리며, 그녀의 행복을 기원하는 말(mertateun avvenir migliore)을 남기며 편지를 마친다.

비올레타가 이 편지를 읽는 동안, 독주 바이올린이 아주 여리게 3/8박자의 G♭장조로 앞서 제시된 주제 선율을 두 번째 마디부터 마디 16까지 거의 변화 없이 그대로 반복한다(악보 7).

악보 7. 3막 4장 편지 장면 마디 1-16

이 장면에서 사랑의 주제 선율이 다시 사용된 것은 그녀가 알프레도와 그의 가족을 위해 자신의 유일한 희망이자 구원이었던 알프레도와의 사랑을 포기한 사실을 더욱 두드러지게 한다. 이처럼 비올레타가 보여준 희생적 사랑은 단순한 감정 이상의 가장 숭고한 형태의 사랑이다.

4. 비올레타의 '자기 구원': 3막 7장과 서곡

제르몽이 편지에서 예고했듯이, 알프레도는 비올레타의 '배신'이 사실은 '고귀한 희생'(sublime vittima)이었음을 깨닫고, 그녀를 찾아와 용서를 구한다. 제르몽 역시 자신이 비올레타의 고통을 초래한 원인임을 깨닫고, "사랑을 위해 **숭고하게 희생한 여인**이여, 당신의 순수한 마음으로 못난 날 용서해 주시오"(*Cara, sublime vittima D'un disperato amore, Perdonami lo strazio Recato al tuo bel core*)라며 참회한다. 이처럼 알프레도와 제르몽이 비올레타에게 용서를 구하는 장면은 〈라 트라비아타〉의 근본적인 주제를 상징하며, 뉘우침과 용서는 이 오페라의 주요 등장인물 모두에게 적용되는 중요한 요소이다.[13]

한편, 병세가 악화된 비올레타는 알프레도가 자신과의 행복한 미래를 꿈꾸자, 자신의 초상화를 건네며 천국에서 그와 그의 미래의 아내가 될 사람을 위해 기도하겠다고 말한다. 이 부분에서 비올레타는 영웅적인 모습을 보이며, 자신의 숭고한 희생이 결국 자신을 구원할 것임을 드러낸다. 그리고 이는 이어지는 부분에서 보다 분명해진다. 비올레타는 그동안 자신을 짓누르던 고통이 사라지고, 다시 살아나는 듯한 새로운 힘을 느낀다.

(rialzandosi animata)	(다시 살아나듯)
E Strano	이상해요
Cessarono Gli sapasmi del dolore …	이제 아프지 않아요 …
In me … rinasce …	다시 태어나는 거 같아요.
m'agita Insolito vigore! …	기운이 솟아나요!
Ah! … ma io …	아! … 나는 …
Ah! ma io ritorno a viver! …	아! 다시 살아나는 것 같아요! …
Oh gioja! …	오, 기뻐라! …
(ricade sel canapè)	(소파에 다시 쓰러진다)

비올레타에게 다시 살아나는 듯한 힘을 준 것은 그녀가 환각에 빠져 '환청'으로 들은 '온 세상이 떨리는 사랑'의 주제 선율이다. 바이올린은 이 주제 선율을 3/8박자의 A장조에서 아주 여리게 연주한다(악보 8).

악보 8. 3막 7장 주제 선율

곧이어 비올레타는 숨을 거두지만, 이 부분에서 주제 선율의 재사용은 베르디의 놀라운 작곡 기법으로 손꼽힌다. 비올레타는 죽어가는 순간 자신이 다시 부활한다고 상상한다. 이에 따라, 이 주제 선율은 앞서 사용된 주제 선율과는 다른 성격을 띤다. 이전에 제시된 주제 선율은 F장조와 Ab장조, 그리고 Gb장조와 같이 b의 조표 영역에서 나타난 반면, 비올레타가 새로운 구원을 얻는 이 장면에서는 앞서 사용된 조성과는 먼 A장조로, 유일하게 #의 조표 영역에서 등장한다. A장조는 실제로, 이 선율이 제시되는 부분에서만 진행된 후, 곧바로 b의 조표 영역인 Db장조로 전조된다.

이처럼 이전과는 전혀 다른 조표에서 사랑의 주제 선율이 재사용된 것은 비올레타의 죽음을 비극적으로 표현한 것이 아님을 나타내 준다. 비올레타는 운명의 비극적 힘에 맞서 투쟁한 결과 결국 구원을 얻었다. 오랜 세월 그녀를 짓누르던 폐결핵과 코르티잔으로서의 타락한 여자는 이제 죽고, 그녀가 보여준 고귀한 희생적 사랑이 자신을 새롭게 구원한 것이다. 그녀가 보여준 사랑은 이타적이며 영웅적이고, 고귀한 행위였다. 이처럼 비올레타가 보여준 숭고한 희생은 결국 자기 구원으로 이어지며, 궁극적으로 그녀의 희생은 죄 많은 과거에 대한 용서를 성취하고, 영적으로 고양시키며, 그녀의 영혼을 회복시키는 초월적인 역할을 한다. 이와 같이 베르디는 〈라 트라비아타〉를 통해 인간성과 인간 정신에 대한 높은 비전을 표현했으며, '타락한' 비올레타는 고귀한 '희생'으로 '구원'을 받는다.[14] 이로 인해 이 오페라는 단순한 연인들의 비극적인 사랑의 이야기에 그치는 것이 아니라, 희생적 사랑으로 인한 구원에 대한 선언인 것이다.[15]

그리고 오페라의 이러한 주제는 서곡에서도 암시된다. 서곡은 크게 두 가지의 주제를 통해 여주인공 비올레타를 소개한다. 하나는 폐결핵에 걸린 타락한 코르티잔으로서의 비올레타로, 이는 b단조에서 육체적 고통과 정신적 우울함을 전달한다. 또 다른 하나는 희생적 사랑으로 고귀함을 보여주는 비올레타로, 이는 느린 4/4박자의 E장조로 사랑의 주제 선율이 변형되어 제시된다(악보 9).

악보 9. 서곡 마디 18-21

♯의 조표 영역인 E장조에서 나타나는 이 주제 선율은 비올레타가 사랑을 통해 타락한 여인에서 고결한 여인으로 구원받을 것임을 이미 서곡에서부터 예고하고 있는 것이다.

맺음말: 베르디가 자신의 연인에게 건네는 위로

베르디는 〈라 트라비아타〉에서 '온 세상이 떨리는 사랑'의 주제 선율을 반복적으로 사용함으로써 오페라의 주제를 변형시켰다. 이 오페라는 단순히 여주인공 비올레타의 사랑과 희망, 그리고 죽음과 절망을 대립시키는 것에 그치지 않는다. 베르디가 처음에 이 오페라의 제목을 '사랑과 죽음'(Amore e morte)에서 비올레타를 가리키는 '라 트라비아타'로 바꾼 것처럼, 이 작품은 바른 길을 벗어난 타락한 여인 비올레타의 변화된 삶에 초점을 맞춘다. 그는 사랑의 주제 선율을 극적인 상황마다 반복적으로 사용하여, 부도덕한 비올레타가 진정한 사랑을 깨닫고 사랑의 고귀한 희생을 통해 고결한 여인으로 변화하며 자기 구원에 이르는 과정을 그려냈다. 비올레타는 화류계 여성으로, 사회적 메커니즘에 의해 비천한 운명이 결정된 존재였다. 그러나 그녀는 진정한 사랑을 통해 더 이상 수동적으로 타락한 삶을 살지 않고, 주체적으로 자신의 운명을 새롭게 개척해 나갔다. 결국 〈라 트라비아타〉에서 비올레타는 세상으로부터 고통 받는 타락한 여인이 아니라, 영원한 기쁨(gioia)을 누리는 '고결한'(generosa) 여인으로 재탄생하게 된 것이다.

　이처럼 베르디가 도덕적으로 타락한 비올레타를 존경과 사랑으로 고귀하게 그려낸 것은 자신의 개인적 삶과도 연결 지어볼 수 있다. 베르디는 이 오페라를 작곡할 당시, 소프라노 주세피나 스트레포니(Giuseppina Strepponi, 1815-1897)와 동거하고 있었다. 스트레포니는 한때 이탈리아에서 뛰어난 소프라노로 인정받았으나, 여러 남성과의 동거와 사생아 출산으로 인해 부도덕한 여성이라는 낙인이 찍혀있었다. 그녀는 테너 나폴레오네 모리아니(Napoleone Moriani)와의 관계에서 두 명의 사생아를 낳았고, 이후 1840년대 초반에는 라 스칼라의 지배인 바르톨로메오 메렐리(Bartolomeo Merelli)와 동거하면서 또 한 명의 사생아를 낳았다. 이러한 이유로 스트레포니는 대중의 지탄을 받았고, 건강이 악화된 끝에 1846년 화려한 경력을 뒤로 하고 은퇴를 선언하였다. 베르디는 그런 그녀와 1847년 파리에서 다시 만나 사랑에 빠졌고, 1848년부터 동거를 시작했다. 당시 베르디는 이탈리아 통일을 상징하는 애국적 작곡가로 사랑받았지만, 스트레포니는 타락한 여성으로 경멸받았다. 베르디는 그러한 그녀를 감싸주었고, 두 사람의 관계는 대중의 비난 속에서도 흔들림 없이 지속되었다.

　　이러한 상황 가운데, 베르디는 〈라 트라비아타〉 속 비올레타를 통해 자연스럽게 스트레포니를 떠올렸을 것이다. 19세기 사회에서 여성의 성적 도덕성이 중요한 가치로 여겨지던 가운데, 그는 과거를 자책하던 스트레포니를 비올레타에 빗대어 고귀하게 묘사함으로써 그녀를 위로하고자 하였다. 음악학자 가브리엘레 발디니(Gabriele Baldini, 1919-1969)가 "베르디의 가장 공적인 오페라가 그의 가장 사적인 작품 중 하나로 끝나는 것은 흥미롭다"라고 지적한 것처럼, 베르디의 오페라 〈라 트라비아타〉는 과거로 인하여 고통받고 있는 자신의 연인 스트레포니에게 건넨 깊은 위로였을지도 모른다.[16)]

참고문헌

Baldini, Gabriele. *The story of Giuseppe Verdi: Oberto to Un ballo in maschera*. New York: Cambridge University Press, 1980.

Basevi, Abrarlo. *Studio sulle opere di Giuseppe Verdi.* Firenze: Tipografia Tofani, 1859.

Chusid, Martin. "Drama and the Key of F major in La Traviata," *19th-Century Music* 1/3 (1978) , 221-234.

Easley, David B., "Verdi's Dramatic Use of Tonality, Topics, and Recurring Themes: Two Analyses", *Singing in Signs: New Semiotic Explorations of Opera*, Edited by Gregory J. Decker and Matthew R. Shaftel, 193-224. New York: Oxford University Press, 2020.

Fisher, Burton D. *Verdi's La Traviata: Opera Classics Library Series*. Opera Journeys Publishing, 2005.

Grier, Francis. "*La traviata* and Oedipus." The International Journal of Psychoanalysis 96/2 (2015): 389-410.

Groos, Arthur. "Love and Disease in 'La traviata'." *Cambridge Opera Journal* 7/ 3 (1995): 233-260.

Kerman, Joseph. "Verdi's Use of Recurring Themes." In *Write All These Down: Essays on Music*, 274-287. Berkeley and Los Angeles: University of California Press, 1994.

_____, "Verdi and the Undoing of Women", *Cambridge Opera Journal* 18/1 (2006): 21-31.

Parker, R. Abbate, C. *A history of opera*, London: Allen Lane, 2012.

Roncaglia, Gino. "Il Tema-cardine' nell' opera di Giuseppe Verdi." *Rivista Musicale Italiana* 47 (1943): 220-22.

Roos, Hilde. *The La Traviata Affair: Opera in the Age of Apartheid*, California: University of California Press, 2018.

Sala, Emilio. *The Sounds of Paris in Verdi's La Traviata*, New York: Cambridge University Press, 2013.

미주

1. 베르디는 자신의 첫 번째 오페라 〈오베르토〉(1839)에서부터 마지막 비극 오페라 〈오텔로〉(1887)와 희극 오페라 〈팔스타프〉(1893)에 이르기까지 광범위하게 주제 선율의 재사용을 사용하였다.

2. Joseph Kerman, "Verdi and the Undoing of Women", *Cambridge Opera Journal* 18/1 (2006), 30.

3. Arthur Groos, "Love and Disease in 'La traviata,'" *Cambridge Opera Journal* 7/ 3 (1995), 239.

4. Arthur Groos, "Love and Disease in 'La traviata.'" 240.

5. Burton D. Fisher, *Verdi's La Traviata: Opera Classics Library Series*, (Opera Journeys Publishing, 2005), 26.

6. Burton D. Fisher, *Verdi's La Traviata: Opera Classics Library Series*, 26.

7. 베르디는 무대 밖에서 들리는 소리를 〈라 트라비아타〉에서 뿐 아니라, 이보다 앞선 작품인 〈일 트로바토레〉와 〈리골레토〉에서 사용하여 큰 효과를 거두었다.

8. Francis Grier, "*La traviata* and Oedipus." *The International Journal of Psychoanalysis* 96/2 (2015), 393.

9. Joseph Kerman, "Verdi and the Undoing of Women," 30.

10. C. Abbate and R. Parker. *A history of opera*, (London: Allen Lane, 2012), 381.

11. Francis Grier, "La traviata and Oedipus," 398.

12. Francis Grier, "La traviata and Oedipus," 398.

13. Burton D. Fisher, *Verdi's La Traviata: Opera Classics Library Series*, 29.

14. Burton D. Fisher, *Verdi's La Traviata: Opera Classics Library Series*, 30.

15. Burton D. Fisher, *Verdi's La Traviata: Opera Classics Library Series*, 30.

16. Gabriele Baldini, *The story of Giuseppe Verdi: Oberto to Un ballo in maschera*, (New York: Cambridge University Press, 1980), 151.

제4장

단순명료한 멜로스의 힘
빈첸초 벨리니의 〈청교도〉(1835)

글 · 이용숙

〈작품 정보〉

작곡: 빈첸초 벨리니(Vincenzo Bellini, 1801-1835)

대본: 카를로 페폴리(Carlo Pepoli, 1796-1881)

원작: 프랑수아 앙슬로(Francois Ancelot, 1794-1854)의 〈공화파와 왕당파〉

초연: 1835년 1월 24일, 파리 이탈리아 극장(Theatre-Italien, Paris)

작품 배경: 1649년, 영국 플리머스 근처 공화주의자(청교도)들의 요새

구성: 3막

1. 19세기 유럽 오페라계의 벨리니 숭배

2. 광기와 천재성: 사랑과 실성의 드라마

3. 벨칸토 시대 테너의 고음 테크닉

4. 고전주의 이상에 따른 단순명료한 멜로스의 힘

맺음말: 결말의 의외성

단순명료한 멜로스의 힘
빈첸초 벨리니의 〈청교도〉(1835)

글 · 이용숙

빈첸초 벨리니(Vincenzo Bellini, 1801-1835)는 로시니, 도니체티와 함께 이탈리아 벨칸토 오페라를 대표하는 작곡가다. 〈노르마〉, 〈몽유병자 여인〉과 함께 그의 대표작으로 꼽히는 〈청교도〉는 벨리니가 34년의 짧은 삶을 마감한 생의 마지막 해 1월에 파리에 있는 이탈리아 극장(Theatre-Italien, Paris)에서 초연했다. 공연 시간이 3시간에 달하는 이 오페라는 프랑스 작가 프랑수아 앙슬로(Francois Ancelot, 1794-1854)의 〈공화파와 왕당파〉를 원작으로 이탈리아 작가 카를로 페폴리(Carlo Pepoli, 1796-1881)가 대본을 쓴 작품이다.

1645년 영국 내전 중 올리버 크롬웰(Oliver Cromwell, 1599-1658)이 이끄는 청교도 공화파 군은 왕당파에 승리를 거뒀다. 영국의 정치가이며 군인이었던 크롬웰은 이 청교도 혁명을 통해 국왕 찰스 1세를 처형하면서 영국의 군주제를 폐기했다. 오페라 〈청교도〉의 배경은 바로 국왕을 처형한 직후인 1649년, 영국 플리머스 근처 청교도 공화주의자들의 요새다.

청교도의 수장 발톤 경은 탁월한 젊은 장군 리카르도에게 딸 엘비라와의 결혼을 약속했지만, 엘비라는 왕당파의 기사 아르투로와 이미 사랑하는 사이였다. 발톤 경의 동생 조르조는 조카 엘비라를 위해 발톤 경에게 간청하고, 발톤 경은 이를 받아들여 엘비라를 아르투로와 결혼시키기로 한다. 정치적으로는 반대파에 속하는 아르투로지만 딸의 간절한 마음을 생각해 마음을 바꾼 것이다.

그러나 결혼식을 위해 요새에 도착한 아르투로는 호송을 앞둔 죄수가 바로 자신이 섬기던 국왕 찰스 1세의 왕비임을 알아본다. 왕비까지 처형되는 것을 막기 위해 아르투로는 왕비를 말에 태워 요새를 빠져나가고, 결혼식 날 신랑을 잃은 엘비라는 실성한다. 벨칸토 비극에 흔한 '매드 신(mad scene: 주인공이 외적 사건의 충격으로 실성해 연출하는 광란의 장면)'이 이 오페라에도 등장하지만, 이 작품은 독특하게도 해피엔딩으로 마무리된다.

이 글에서는 고난도의 하이C를 넘어 하이D와 하이F까지 노래해야 하는 테너 주인공 아르투로의 대표곡 '사랑하는 그대에게'(*A te, o cara*)와 '배신당했다고 믿는 가련한 여인'(*Credeasi, misera*), 그리고 아르투로와 여주인공 엘비라의 이중창 '내 품으로 오세요'(*Vieni!*), 이 세 곡의 분석에 중점을 둔다. 벨리니는 왜 이처럼 테너 음역의 한계를 뛰어넘는 곡을 작곡했는지, 단순한 음악적 재료를 사용한 이 곡들이 왜 그토록 강렬한 힘으로 관객을 사로잡을 수 있는지 등의 요소를 조명하며 벨리니 오페라의 비밀을 풀어본다.

그림 1. 빈첸초 벨리니의 초상화. 화가 미상

1. 19세기 유럽 오페라계의 벨리니 숭배

시칠리아의 도시 카타니아의 음악가족을 배경으로 성장한 벨리니는 고향을 떠나 나폴리음악원에서 공부했다. 모차르트 오페라에 반해 열정적으로 그 세계에 몰입했던 벨리니는 1824년에 로시니의 〈세미라미데〉 공연을 보고 결정적으로 오페라 작곡에 헌신하기로 결심한다. 졸업 오페라 〈아델손과 살비니〉의 음악원 공연으로 인정받은 그는 유서 깊은 나폴리 산 카를로 극장에서 오페라 〈비앙카와 페르난도〉를 공연할 기회를 얻었고, 이 25세의 데뷔작으로 대성공을 거둔다.

그리고 이듬해 오페라 〈해적〉으로 밀라노 라 스칼라 극장에 진출하게 된다. 이때 처음으로 함께 작업한 대본작가 펠리체 로마니와의 우정과 인연은 〈이방인〉, 〈차이라〉, 〈카풀레티와 몬테키〉, 〈몽유병자 여인〉, 〈노르마〉, 〈텐다의 베아트리체〉까지 지속되었다. 유명 오페라 작곡가 가운데 이 정도로 한 명의 대본작가하고만 작업한 경우도 찾아보기 어렵다. 카를로 페폴리와 작업한 마지막 작품 〈청교도〉만 예외였다.

1834년 8월에 벨리니는 파리에 초청되었고 이듬해 이곳에서 〈청교도〉를 초연했다. 이 작품의 성공으로 파리 사교계의 스타가 된 벨리니는 '로시니를 계승하는 위대한 벨칸토 후계자'로 인정받은 자신의 모습에 감격했다. 특히 사교계의 상류층 여성들에게 대단한 사랑을 받았던 작곡가 벨리니의 매력은 기품 있고 단정한 외모와 완벽한 차림새, 그리고 상처와 그늘을 지닌 듯한 우수 어린 표정이었다. 당시 극단과 엽기를 추구하던 낭만주의 예술가들의 제멋대로인 외모와는 대조를 이루는 모습이었던 것이다.

19세기 유럽 평단의 벨리니 숭배는 대단했다. 독일 작곡가이자 지휘자, 피아니스트, 작가로 1828-1835년 사이에 파리에서 활동하며 벨리니의 성공을 관찰한 페르디난트 힐러(Ferdinand Hiller, 1811-1885)는 이렇게 기록했다. "등장인물의 욕망과 고통을 이토록 호소력 있게 구현하는 음악은 어떤 독일 작곡가에게서도 찾아볼 수 없다." "서정성으로 채워진 벨리니의 음악의 효과는 바그너의 음악적 폭발과 비교해도 그 효과가 전혀 부족하지 않다."

유약해 보이는 외모와는 달리 벨리니는 자신의 예술적 요구를 관철하기 위해 대본작가에게 가차 없는 독재자였다고 한다. 〈청교도〉의 대본을 쓴 카를로 페폴리는 "벨리니는 자신의 영혼으로 빚어낸 멜로디를 자신의 여왕으로 숭배한다."고 말하면서 "〈청교도〉에서 벨리니는 한 부분의 음악을 서너 번씩 수정하면서, 자신이 새로 고쳐놓은 음악에 적절한 시어를 내가 찾아내지 못하거나 그것이 불가능하다고 말하면 "감정도 우정도 공감능력도 없는 인간"이라며 내게 분노를 터트렸다."고 회고했다.

작곡가 리하르트 바그너(Richard Wagner, 1813-1883)는 작품 경향에 있어 벨리니와 대척점에 서 있는 듯 보이지만, 1837년에 벨리니의 〈노르마〉와 〈청교도〉를 처음 접한 그의 열광적인 벨리니 수용은 바그너 자신의 음악극 작곡에 큰 영향을 미쳤다. 무엇보다도 벨리니의 선율 감각에 깊이 매료된 그는 "제발 독일 작곡가들도 벨리니처럼 '노래하는' 오페라를 작곡할 수 있기를! 노래! 노래! 노래! 노래는 음악으로 전달하는 언어다."라고 외쳤고, "쓸데없는 화음이나 오케스트라 효과를 계산적으로 포기한 벨리니의 현명함"을 열렬히 칭송했다. 바그너는 스스로 벨리니 〈노르마〉의 영향으로 자신의 〈탄호이저〉를 구상했고, 〈청교도〉에서 〈트리스탄과 이졸데〉의 영감을 얻었다고 고백했다.

일반적으로 벨리니의 오페라는 오케스트레이션이 약해 후대의 베르디나 푸치니의 오페라에 비해 극적 효과가 부족하다고 평가된다. 20세기에 들어 인기가 약화된 중요한 이유다. 그러나 벨리니는 벨칸토 시대 오페라의 그런 취약점을 극복하기 위해 절반 이상의 장면에 합창을 사용해 부분적으로나마 박진감 넘치는 오케스트레이션을 구사했다. 20세기 중반 이후로 벨리니의 걸작들은 소프라노 마리아 칼라스, 존 서덜랜드, 에디타 그루베로바 등 벨칸토를 명징하면서도 드라마틱하게 노래하는 탁월한 가수들에 의해 새롭게 생명력을 얻었고 과거의 인기를 되찾았다.

그림 2. 청교도군의 요새를 배경으로 한 엘비라와 아르투로의 결혼식

2. 광기와 천재성: 사랑과 실성의 드라마

19세기 낭만주의 예술의 핵심어는 광기와 천재성이다. 천재성을 타고난 예술가들은 세속적인 방식으로 세상과 타협하거나 소통하지 못해 광기로 치닫게 되고, 그런 중에 불멸의 예술작품을 탄생시킨다고 동시대 사람들은 믿었다. 19세기 전반 로시니, 벨리니, 도니체티 등의 벨칸토 오페라에 실성한 주인공들이 넘쳐나게 된 것은 이러한 낭만주의 시대 예술의 특성과 밀접한 관련을 지닌다. 18세기 고전주의 시대에는 충분히 이해받지 못했던 광기를 19세기 관객은 새로운 이해

력으로 포용했다. 젊고 순수한 주인공들이 부당하고 불합리한 세상에 대한 저항력이 없어 미쳐 버리는 것이라 믿으며, 관객은 그들의 가혹한 운명에 눈물을 흘렸던 것이다.

매드 신의 대명사인 도니체티의 〈람메르무어의 루치아〉와 쌍벽을 이루는 〈청교도〉에도 역시 도니체티의 여주인공 루치아와 비교할 만한 실성한 여주인공 엘비라가 등장한다. 공연시간 세 시간 동안 엘비라는 세 차례 매드 신을 연출한다. 이 매드 신을 '광란의 장면'이라고 번역하지만 광란보다는 실성에 가까우며, 애절한 선율의 아름다움에 시간 가는 줄 모르고 몰입하게 되는 장면들이다.

오페라 〈청교도〉의 이탈리아어 원제는 '이 푸리타니(*I Puritani*)'로, 여기서 '이(I)'는 복수형 정관사다. 내전에서 승리를 거둔 크롬웰과 혁명세력은 영어로 '퓨리턴'이라 부르는 '청교도(淸敎徒)'로, 원죄설을 각별히 신봉하는 사람들이었다. 이들은 인간이 원죄를 저질러 에덴동산에서 쫓겨났으므로 세상에서 사는 동안 이 원죄를 끊임없이 속죄하여 구원에 이르는 삶을 살아야 한다고 주장했다. 이처럼 청교도의 삶은 구원이라는 목표를 향해 가는 여정이었으므로, 인간은 욕망으로 타락할 수 있는 원초적 죄인임을 기억하며 구원받기 위해 항상 자신을 엄격하게 다스려야 한다는 극단적인 도덕적 태도를 견지했다.

오페라가 시작되는 1막의 장소는 영국 플리머스 근처 청교도군의 요새로, 성벽을 지키는 파수꾼들이 아침 교대를 시작한다. 곧 아침 전례를 알리는 종이 울리고, 성안에서는 발톤 경의 딸 엘비라(소프라노)의 혼례식 준비가 한창이다. 바리톤 주인공 리카르도는 사랑하는 엘비라와 결혼을 못하게 되어 상심에 빠져있다. 원래 성주 발톤 경은 엘비라를 리카르도와 맺어주기로 약속했지만 엘비라가 왕당파인 아르투로(테너)를 끔찍이 사랑한다는 사실을 동생 조르조(베이스)에게서 듣고 생각을 바꾸었기 때문이다. 오늘 결혼식 신랑이 리카르도가 아니라 아르투로라는 사실을 조르조가 엘비라에게 알려주자, 절망에 빠져 있던 엘비라는 뛸 듯이 기뻐한다.

신랑 아르투로가 도착해 엘비라에게 아리아 '사랑하는 이여, 그대에게'(*A te, o cara, amor talora*)로 간절한 사랑을 확인시킨다. 스튜어트 가의 중요한 여죄수를 런던 의회로 호송하는 책임 때문에 발톤 경은 결혼식에 참석하지 못하게 되는데, 신랑 아르투로는 여죄수의 신분에 관심을 갖고 접근해, 그녀가 크롬웰에게 처형당한 스튜어트 왕조 찰스 1세의 왕비 엔리케타(헨리에타)라는 사실을 알게 된다. 엘비라가 나타나 결혼식을 앞두고 명랑한 아리아 '나는 웨딩드레스를 입은 사랑스런 처녀'(*Son vergin vezzosa in vesti di sposa*)를 부른 뒤 준비를 마치러 들어가자, 아르투로는 결혼식 전에 왕비를 구출하기로 작정하고 그녀를 말에 태워 요새를 빠져나간다. 리카르도가 길을 막지만, 여성의 신분을 확인한 그는 이를 기회로 자신이 엘비라와 결혼할 수 있겠다고 판단해 아르투로와 왕비에게 오히려 도망갈 길을 열어준다.

하객들 앞에서 아르투로가 다른 여인과 도망친 사실을 알게 된 엘비라는 실성한다. 착란상태에서 엘비라는 자신이 아르투로와 함께 교회 제단 앞에 나선 것으로 생각하고, 하객들은 엘비라를 동정한다.

2막 배경은 청교도 요새 안의 홀이다. 조르조가 나타나 미쳐버린 엘비라의 상태를 성안 사람들에게 설명하고, 리카르도는 의회가 아르투로에게 사형을 선고했다는 소식을 전한다. 엘비라가 나타나 실성한 채로 '그대의 부드러운 음성이 나를 부르고'(*Qui la voce sua soave*)를 노래한다. 엘비라는 삼촌 조르조도 리카르도도 알아보지 못한다. 그 가여운 모습에 리카르도도 마음이 흔들리고, 조르조는 그런 리카르도에게 '자네가 연적을 살려야 하네'(*Il rival salvar tu dei*)라고 간곡히 호소한다. 아르투로가 돌아와야만 엘비라가 살 수 있다는 뜻이다.

3막은 요새 부근에서 펼쳐진다. 아르투로는 도피 중에 한 번이라도 엘비라를 다시 만나고 싶어 요새 쪽으로 몰래 다가와서, 옛날 엘비라와 함께 부르던 사랑의 노래를 부른다. 그때 요새 안에서 엘비라의 노래가 들려오고 두 사람이 재회한다. 아르투로를 보자 엘비라는 바로 제정신으로 돌아온다. 두 사람이 만나지 못한 시간은 석 달이었지만 엘비라는 '당신을 3백 년 동안 기다렸어요'라고 말한다. 아르투로가 왕비를 구할 수밖에 없었던 상황을 설명하자 엘비라는 이를 납득하고 재회의 기쁨을 노래한다('그대를 품에 안으리'(*Vieni fra queste braccia*).

그때 리카르도가 나타나 아르투로를 체포하자 엘비라는 다시 실성상태에 빠진다. 형장으로 끌려가는 아르투로를 바라보며 고통받는 엘비라와 아르투로, 리카르도, 조르조가 함께 4중창 '버림받은 줄 아는 가여운 그대여'(*Credeasi misera*)를 노래한다. 그러나 사형이 집행되려는 순간 크롬웰의 전령이 달려와 사면 소식을 알린다. 다시 정신이 돌아온 엘비라와 아르투로는 뜨겁게 포옹하고, 모든 사람들이 두 연인을 축복하면서 오페라는 막을 내린다.

3. 벨칸토 시대 테너의 고음 테크닉

아르투로 역은 '하이F'라는 불가능한 고음까지 불러야 하는 엄청난 고난도의 레제로 테너 배역이다. 엘비라는 여러 번의 실성 장면을 드라마틱하게 연기하며 유연한 콜로라투라 기교를 구사해야 해서 역시 어렵다. 리카르도와 조르조 같은 저음 가수들까지도 콜로라투라 기교를 소화하는 동시에 깊이를 갖춘 드라마틱한 연기를 해야 하기 때문에, 한 번 무대에 올리기가 결코 쉽지 않은 작품이다.

벨칸토 창법은 강약의 폭이 좁아 가수는 대단히 큰 음량을 만들어낼 필요가 없다. 하지만 성량을 치밀하게 조절하는 것, 그리고 발음을 분명하게 해 빠른 패시지를 명료하게 전달하는 것이 매우 중요하다. 음계를 아무리 빠른 템포로 오르내리더라도 그 음들 사이를 분명하고 매끄럽게 연결하는 레가토(legato)가 벨칸토 창법의 관건이다. 〈청교도〉는 베르디 오페라들에 비해 오케스트레이션은 덜 극적이지만, 성악의 선율만으로도 지루할 틈이 없는 벨칸토 오페라 최고의 보석으로 꼽힌다.

그림 3. 역대 최고의 명연을 펼친 테너 후안 디에고 플로레스와 소프라노 니노 마차이제

일반적인 테너의 최고음으로 꼽히는 하이C보다 더 높은 음이 여러 차례 나타난다는 사실은 오늘날 이 오페라를 공연하기 어려운 이유 가운데 중요한 이유가 된다. 벨칸토 작곡가들이 우리 시대 테너들이 진성으로 부르기 어려울 정도의 고난도 고음을 서호했던 데는 이유가 있다 1막에서 아르투로가 노래하는 '사랑하는 이여, 그대에게'의 두 번째 단락에 갑자기 등장하는 고음은 차분하고 서정적인 멜로디의 단조로움을 극복하고 청중을 집중시키는 효과를 거둔다. 3막의 '내 품으로 오세요'에 쓰인 고난도 고음은 기쁨의 폭발을 효과적으로 표현한다. 이와는 반대로 3막 마지막 곡에 사용된 하이 F는 더 이상 견디기 어려운 심리적 고통과 분노를 극적으로 나타낸다.

　　이처럼 텍스트의 내용 및 감정에 상응하는 효과적인 고음 작곡이 가능했던 실질적인 이유

는 벨칸토 오페라 시대에 테너의 팔세토(가성)가 허용되었기 때문이다. 뿐만 아니라 잘 훈련된 벨칸토 가수들은 레가토에 능숙해 고음에서 저음, 저음에서 고음으로 급격히 이동하는 테크닉을 유연하게 구사할 수 있었다. 모음이 발달한 이탈리아어의 언어적 특성이 이탈리아 가수들로 하여금 극도로 빠른 패시지에서도 정확한 발음 전달을 가능하게 했다는 것 역시 중요한 이유가 된다.

4. 고전주의 이상에 따른 단순명료한 멜로스의 힘

"노래하라, 언제나 노래하라, 모든 것을 노래로 표현하라!"(Singen, immer singen, alles aussingen!) 힐러에 따르면 이것이 벨리니의 모토였다. "그는 이를 목표로 매진했고 바로 이것을 원했다." 하이든, 모차르트, 페르골레시의 고전주의에서 크게 영향 받은 벨리니는 고전주의 예술의 이상인 명료함(Klarheit), 단순 소박함(Einfachheit), 자연스러움(Natürlichkeit)을 자신의 오페라 작곡에서 가장 중요한 가치로 설정했다. 그가 대본작가에게 항상 엄격하게 강조한 내용은 다음과 같은 것이었다. "머릿속에 단단히 새겨 넣으세요! 오페라는 눈물을 흘리게 만들고, 관객들에게 충격을 주고, 관객을 노래로 죽여야 합니다. 이런 효과를 얻으려면 시와 음악이 자연스러워야 합니다. 대본이든 음악이든 잔재주를 부리는 순간 극중 모든 상황의 효과는 무너집니다."

〈청교도〉에서 아르투로의 멜로디들은 실성한 엘비라의 광란의 아리아가 고난도의 멜리스마 기교를 요구하는 것과는 대비를 이룬다. 글자그대로 '단순명료한 선율'을 노래하기 때문이다. 이에 관련해 독일 예술학자 프리드리히 립만(Friedrich Lippmann)은 "사랑과 죽음의 멜로디는 가장 단순할 수밖에 없다. 뼈만 남은 멜로디다!"라고 말했다. 사랑에 빠진 상태와 죽음을 앞둔 상태는 둘 다 정서적으로 극단적이고 병적인 상태여서, 모든 부차적인 상황은 증발해버리고 당사자 두 사람의 감정만 극대화된다는 것이다. 그래서 이 상태에 대한 예술적 표현은 단순명료할 수밖에 없다. 주인공 엘비라와 아르투로는 격정적 사랑에 빠진 상태에서 죽음에 직면한다. 아르투로는 정치적 이유에서, 엘비라는 사랑의 상실에서 오는 실성과 탈진 때문에 죽음을 마주하게 된다. 에로스와 타나토스의 공존을 보여주는 극적 상황이다. 연인의 부재가 실성을 촉발하는 타당한 이유는 에로스가 언제나 결합과 합일을 갈망하기 때문이다. 상대방 없이 한쪽만 남으면 온전한 인간이 아닌 셈이다.

성악적 테크닉이 무엇보다도 중요한 벨칸토 테너 주인공 아르투로에게 벨리니가 〈청교도〉에서 제대로 된 단독 아리아를 거의 만들어주지 않았다는 점은 중요한 의미를 갖는다. 2막 엘비라의 매드 신을 제외하면 가장 의미심장한 위 1막과 3막의 장면들에서 아르투로는 카바티나–개입부–카발레타로 전개되는 완결된 아리아를 부르지 않고, 아리아처럼 시작은 하지만 매번 중창과 합창으로 확장되는 노래를 부르게 되는 것이다. 벨리니 연구자인 음악학자 로테 탈러(Lotte Thaler)는 그 이유를 이렇게 들었다. 노래를 시작한 테너 주인공의 격정은 스스로의 아리아가 끝날 때까지의 긴 시간을 기다릴 수 없을 정도로 충만하기 때문에, 사랑하는 사람으로부터 즉각 응답을 받아야 하며, 이 일에 연루된 주위 사람들로부터 중창 또는 합창으로 지원을 얻어야 한다는 것이다. 사랑에 빠진 이들의 격정이 음악의 시간을 기다려주지 않고 즉각적인 표현수단을 찾는다는 의미다.

맺음말: 결말의 의외성

〈청교도〉는 결말의 의외성을 지닌 작품이다. 비극으로 끝날 듯한 상황에서 '크롬웰의 사면령'이라는 일종의 '데우스 엑스 마키나'가 등장해 사랑하는 두 남녀를 결혼으로 맺어준다. 낭만주의 비극오페라로서는 일반적인 기대를 벗어난 해피엔딩으로, 이는 벨리니의 〈몽유병자 여인〉의 따뜻한 해피엔딩과도 상통하지만 그보다 훨씬 극적인 효과를 성취한다.

거의 히스테릭하게 느껴지는 극강의 고음들로 주인공이 처한 참을 수 없는 고통 또는 비현실적인 기쁨을 표현해 관객에게 전율을 일으킨다는 점이 이 작품의 주요 분석요소였다. 이와 함께 '비움'과 '반복'으로 강렬한 힘을 생성한 작품이라는 점이 중요한 특징이었다. 가장 원초적인 감정을 그에 어울리는 단순한 음악적 재료로 표현하고 동일한 멜로디의 반복으로 각인시켰다는 점에서 벨리니의 면밀하게 계산된 음악적 지향점을 엿볼 수 있다.

독창 아리아인 듯하지만 결국 중창과 합창으로 확장되는 테너의 주요 곡들을 통해 열정과 격정, 에로스와 타나토스를 극적으로 표현하는 벨리니의 비범한 능력과 개성을 그와 같은 시대의 벨칸토 작곡가들과 비교해볼 수 있었다.

참고문헌

Brener, Milton. 『무대 뒤의 오페라』, 김대웅 옮김. 서울: 아침이슬, 2004.

Gebhardt, Volker. *Frauen in der Oper: Grosse Stimmen, grosse Rollen*. München: Elisabeth Sandmann-Verlag, 2004.

Jacobshagen, Arnold. *Gioachino Rossini und seine Zeit*. Laaber: Laaber-Verlag, 2018.

Schreiber, Ulrich. *Opernführer für Fortgeschrittene: Eine Geschichte des Musiktheaters. Das 19. Jahrhundert*. Kassel, Basel: Bärenreiter-Verlag, 1991.

Thaler, Lotte. "Klarheit-Einfachheit-Natürlichkeit: Die Macht des Melos bei Bellini." In *Die Wirklichkeit erfinden ist besser*. hrsg. von Hanspeter Krellmann und Jürgen Schräder, 44-54. Stuttgart/ Weimar: Verlag J.B. Metzler, 2002.

Walter, Michael. *"Die Oper ist ein Irrenhaus": Sozialgeschichte der Oper im 19. Jahrhundert*. Stuttgart/ Weimar: Verlag J.B. Metzler, 1997.

제5장

루크레티아의 죽음에 대한 숙고
브리튼의 〈루크레티아의 능욕〉(1946)

글 · 장유라

〈작품 정보〉

작곡: 벤자민 브리튼(Benjamin Britten, 1913-1976)

원작: 앙드레 오베이(André Obey, 1892-1975) 희곡 〈루크레이타의 능욕〉(Le viol de Lucrèce, 1931)

대본: 로널드 던컨(Ronald Duncan, 1914-1982)

초연: 1946년 7월 12일, 런던 글라인드본 오페라하우스

구성: 2막

1. 문학에 대한 특별한 애정

2. 시대를 초월한 스토리

3. 단순하지만 충분한 의미를 내포하다

4. 죽음에 대한 숙고

맺음말

루크레티아의 죽음에 대한 숙고
브리튼의 〈루크레티아의 능욕〉(1946)

글 · 장유라

벤자민 브리튼(Benjamin Britten, 1913-1976)의 오페라 〈루크레티아의 능욕〉은 로마 역사가인 티투스 리비우스(Titus Livius Patavinus, 기원전 59-17)의 『로마사』에서 시작한다. 셰익스피어의 동명 서사시로 세상에 알려진 '능욕당한 루크레티아'의 배경은 고대 로마 이탈리아 중 북부를 차지했던 에트루리아 왕조시대이다.[1) 에트루리아 왕의 방탕한 아들 타르퀴니우스 섹스투스(Tarquinius Sextus)에 의해 정숙한 로마 여인 루크레티아가 겁탈당한 후 자결한다. '능욕당한 루크레티아'는 한 개인의 비극이 아닌 왕정을 무너뜨리고 로마 공화정의 설립을 이끈 일대의 사건이었다. 이는 미술작품에서 다양한 방식으로 표현되었다. 폭력과 대조를 통한 비극성을 강조하기도 하고 남성의 권력과 여성의 희생이 갈등을 상징하기도 한다. 아래의 그림은 루크레티아가 누

그림 1. 루벤스의 '타르퀴니우스와 루크레티아'

드로 묘사되어 에로틱함을 이끌어내는가 하면, 하인이 엿보는 장면이 포함되어 관람자로 하여 금 폭력 사건에 참여하도록 유도한다. 루벤스는 천사를 등장시켜 죽음에 이르는 가녀린 여인을 표현하였다. 강렬한 눈빛으로 욕망하는 남성을 어둡게 나타내고, 루크레티아의 몸은 빛을 받아 창백하게 표현하여 대비를 이루도록 하였다.

셰익스피어의 동명 서사시 〈루크레티아의 능욕〉을 오베이(Andre Obey, 1892-1975)가 프랑스어 희곡으로 만들었다. 이를 본떠 로널드 던컨(Ronald Frederick Henry Duncan, 1914-1982)이 영어 대본을 완성하였다. 브리튼은 어떤 이유로 동명의 오페라를 작곡하게 되었을까?

1. 문학에 대한 특별한 애정

중산층 이상의 가정에서 자란 브리튼은 어린시절 경험했던 많은 독서와 연극, 영화에서 영향을 받았다. 브리튼이 활동하던 시기는 12음기법과 총렬음악이 주를 이루던 때였음에도 브리튼의 음악 경향이 후기 낭만주의에 가까운 드라마틱함과 표현의 풍부함이 특징인 이유다. 그의 주요 음악 경향은 첫 스승인 프랑크 브릿지(Frank Bridge, 1879-1941)에서 기인한다.[2] 16세의 나이로 왕립음악원에 입학한 브리튼은 모차르트와 슈베르트를 좋아하여 서정적이고 멜로디가 유려한 작품을 작곡하였다. 브릿지는 구체적이고 동시대적인 작곡기법을 가르쳤고 현대음악의 안목을 키워줌과 동시에 보수적인 영국 스타일에서 벗어나 브리튼 자신만의 세계를 구축하도록 도왔다. 왕립음악원을 졸업하기 한 해 전 알반 베르크에게 사사 받기를 원했던 브리튼은 1934년 빈으로 가고자 하였으나 여러 이유로 무산되었다.[3]

1935년 시인 오든(Wystan Hugh Auden, 1907-1973)을 만난 것은 브리튼에게는 여러 의미에서 커다란 사건이었다. 유난히 문학 작품에 대한 애정을 가졌던 브리튼은 오든을 통해 영시(英詩)가 지닌 아름다움에 매료되었다.[4] 1937년 잘츠부르크 음악제에서 현악기를 위한 〈프랑크 브릿지의 주제에 의한 변주곡〉(Variations on a Theme of Frank Bridge, Op. 10)을 발표하여 주목을 받았던 브리튼은 전쟁에 대한 불안감과 그의 작품에 대한 평가 절하 등으로 실의에 잠긴다. 그는 오든을 따라 1939년 미국으로 떠난다.[5] 1942년 봄까지 2년 반에 걸친 미국 생활은 자신의 정체성과 민족 유산에 대해 깊이 성찰하는 시기였다. 영국적인 음악 기법에서 벗어나 국제적인 감각을 소유한 작곡가로 거듭나는 계기가 된 것이다. 그러나 그의 미국 생활은 우연한 계기로 마감된다.[6]

영국으로 돌아온 브리튼은 1943년 이모겐 홀스트(Imogen Holst, 1907-1984)에게 "부흥을 예고하는 막연한 무언가를 깨닫게 되었다"고 편지를 쓴다.[7] 영국 음악을 포기하고 개방적인 문화 풍조를 찾아 떠난 미국에서 다시 고국으로 돌아온 브리튼에게서 '영국 음악계로 몰입'하는 징후가 발견된다. 브리튼은 영국의 작곡가 헨리 퍼셀(Henry Purcell, 1659-1695)에 관심을 갖고 그의 작품을 편곡하는가 하면[8], 영국 시인의 작품에 곡을 붙이고 영국 민요를 편곡한다.[9] 영국 교육청의 부탁을 받아 퍼셀의 멜로디를 주제로 하여 〈청소년을 위한 관현악 입문〉(*Young Person's Guide to Orchestra*, 1946)을 작곡한 시기가 바로 오페라 〈루크레티아의 능욕〉이 초연된 시기와 맞물린다.

브리튼이 영국의 대표 작곡가가 된 이유에는 영국 정부의 도움이 컸다. 최초로 영국의 국제적 작곡가라고 인정받은 사람은 바로크 시대 헨리 퍼셀이었으나 그는 40세도 넘기지 못하고 세상을 떠나고 말았다. 이후에도 영국의 음악은 독일인 헨델에 의해 발전했다고 볼 수 있고, 한동안 영국에서는 유능한 작곡가를 배출하지 못하였다. 20세기 들어서야 겨우 그렇다 할 작곡가들이 등장한다. 예를 들어 엘가(Edward Elgar, 1857-1934), 딜리어스(Frederick Delius, 1862-1934), 홀스트(Gustav Thoedore Holst, 1874-1934) 등이 눈에 띄기는 하였으나 이들을 국제적 작곡가라고 하기에는 한계가 있다. 이러한 영국 창작계의 위상을 한껏 끌어올린 작곡가가 바로 브리튼이다. 영국 알더버러에 브리튼의 오페라를 위한 극장이 지어지고 해마다 축제가 열리는 것이 이를 증명한다.

이러한 명예에 걸맞게 브리튼의 행보 역시 그의 책임을 다하는 모습이다. 위베(Heather Wiebe)에 따르면 브리튼은 1951년 한 연설에서 "저는 무엇보다도 한 예술가이며 한 예술가로서 공동체에 봉사하고 싶습니다"라고 말하였다.[10] 1962년 대중 연설에서 "여러분도 잘 알다시피 예술가는 자신이 속한 공동체의 일부가 되어야 하며, 공동체를 위해 일하고, 공동체와 함께 하며, 공동체에 소용이 되는 존재가 되어야 한다고 믿습니다"라며 지성인의 책임감을 언급하였다.[11] 브리튼은 그의 성악곡 〈전쟁 레퀴엠〉(*War Requiem*)으로 1964년 아스펜 상(Aspen Award)을 받는 자리에서 그의 음악이 장소, 행사 그리고 연주자 개개인의 특수성과 갖는 연관성에 대해 다음과 같이 말했다. "나는 기원, 연관성, 배경 그리고 개인 관계의 중요성을 알고 있습니다."[12] 그는 1950년대와 1960년대 초 무엇보다도 음악이 갖는 "인간적 환경"의 중요성을 인식하고 있었다. 브리튼은 알더버러 음악제를 위해 만든 실내오페라의 주요 부분을 언급하면서 "저는 미천한 경험을 통해 지엽적인 것과 특수한 것에 집중하고, 특정 가수, 연주자, 지역 행사를 염두에 두고 작품을 만들게 된다면, 그 작품은 실제성과 현실성을 띠게 되어 외부 세계에 유용한 결과를 낳게 될 것이라는 것을 알게 되었습니다[13]"라고 말했다.

시인 오든과 브리튼이 다녔던 그레섬 학교는 당시 교육에서 매우 선도적 역할을 담당하였으며, 사회적인 측면에서는 다소 억압적이고 보수적이었다. 학생들은 욕을 하거나 담배를 피우는 것이 금지되었으며, 소년의 감성에서 충성심과 공동체 의식을 가장해야 하는 상황이었다. 후에 오든은 '학교는 사회적으로 억압당하는 시스템'이라고 말한 것에서도 알 수 있듯이, 그는 학교의 질서 체계를 반대하였고, 문학에서는 파시즘을 표방하였다. 1926년 옥스퍼드 대학생들이 정부를 지지하기 위해 거리로 나갔을 때도 오든은 정부를 지지하는 대신 노동자들의 편에 섰다. 브리튼과 오든의 이러한 사회체계에 대한 반항은 이들의 동성애적 경향으로 인해 더욱 촉발되었다. 1967년 영국이 동성애를 합법화하기 이전 이들은 사회의 자연적 행위에서 비켜난 '타자'(Otherness)로 취급되었고, 중요한 것은 동성애가 정작 '성'에 대한 논의의 대상이 아닌, 사회, 정치적 이슈였다는 점이다.

오든과 브리튼의 첫 협업은 〈콜 페이스〉(Coal Face, 1935)로, 요크셔 탄광의 위험한 근로조건과 그들의 사회에 관한 짧은 다큐멘터리 영화였다. 그들은 광부의 열악한 삶과 환경을 단순한 언어와 리듬을 사용하여 낭만적으로 그려내었다. 광부의 삶은 그야말로 중산층 계급과는 상반된 '타자' 그 자체였다. 영화는 철저히 중산층의 관점에서, 부르주아 사회주의자의 태도로 만들어졌다. 이는 어쩌면 그들에게는 피할 수 없는 '자의식'의 발로였으리라. 여기에서 오든이 보여주고 싶었던 것은 중산층이 갖는 복잡한 심경이었다. 오든의 각본과 브리튼의 음악이 만든 또 다른 다큐멘터리 〈나이트 메일〉(Night Mail, 1936)에서는 더욱 심도 있게 이러한 심경이 그려진다. 오든은 많은 음운(rhyme)을 사용하여 언어와 이미지의 단순함을 시도하였다. 그렇다고 노동자의 목소리가 나오는 것도, 〈콜 페이스〉처럼 낭만적 관점이 드러나는 것도 아니다. 작가의 목소리는 익명의 소리이며, 가장 중요한 것은 브리튼이 표현한 우편열차, 음악의 형식과 주제의 합치이다. 브리튼은 다른 곡, 예를 들어 금관악기와 타악기를 위한 〈러시안 장례식〉(Russian Funeral, 1936)[14], 〈파시피스트 행진곡〉(The Pacifist March, 1937)에서도 이러한 '노동자의 목소리'를 다루었다. 평화주의적 이상과 파시즘에 맞서 싸운 국제사회의 희생자의 존경을 담은 〈러시안 장례식〉에서는 러시아의 유명한 프롤레타리언 장례식 노래를 사용하였고,[15] 〈파시피스트 행진곡〉에서는 오든이 제공한 가사에다 유럽 프롤레타리안의 행진곡을 사용하였다. 브리튼이 사용한 이러한 음악 재료들은 그 의도가 너무도 분명하여 논쟁의 여지가 없어 보인다.

헨리 퍼셀 이후 영국을 대표하는 작곡가 브리튼이 과거 영국의 음악과 연관되어 퍼셀의 작품을 편곡하던 시기에 공동체의 이상 실현이라는 주제를 자신의 작품 주제로 선정, 로마 공화정을 탄생시킨 로마사의 큰 사건 〈루크레티아의 능욕〉을 작곡한 것이다. 영국이라는 국가에 대한 브리튼의 사회, 정치적 책임을 다하는 뜻깊은 사유가 오페라 〈루크레티아의 능욕〉을 작곡하도록 했다고 추정하는 것은 매우 자연스럽다.

2. 시대를 초월한 스토리

2막으로 된 실내오페라 〈루크레티아의 능욕〉은 로마 왕국 말기 에트루리아인의 폭정이라는 시대적 배경에서 로마 장군의 정숙한 부인 루크레티아가 섹스투스 왕자에게 능욕을 당해 자결한다는 내용이다. 그녀의 죽음은 로마공화정 설립의 계기가 된다. 이 내용이 시대를 초월한 스토리가 될 수 있는 부분은 '명예 회복'이다. 죽음으로써 자신의 결백을 주장하고, 명예를 회복하는 루크레티아는 어느 시대에서도 가능한 죽음의 정당성을 가진다.

1막 시작은 남성 코러스와 여성 코러스가 당시 로마 상황을 이야기한다. 곡 전체에서 코러스가 차지하는 부분이 매우 많다. 이는 오페라의 서사를 극적으로 이끌어가는 주요한 역할을 한다. 남녀 코러스는 에트루리아 왕의 비도덕적 행실과 탐욕으로 폭정을 이어간다고 매우 격한 목소리와 고음의 소리로 고발한다. 로마의 분위기는 곧 반란이 있을 수도 있는 상황이다. 이웃 나라들과의 전쟁을 일삼는 에트루리아인 왕 타르퀴니우스를 비난하는 내용의 남성 코러스에 이어 여성 코러스가 이에 응수하는 노래를 단순하지만 몰입을 유도하는 몸짓과 함께 한참 이어간다. 오페라의 시작을 주인공들의 등장이라고 한다면, 진정한 시작은 남자 주인공들, 타르퀴니우스의 아들 섹스투스 왕자를 포함한 세 명 장군이 전쟁 중 막사에서 술병을 돌리며 아내에 대한 자랑과 험담을 늘어놓으면서다. 이들은 논쟁 끝에 급기야는 그 밤에 로마로 달려가 아내들의 행실을 엿보는데, 당시 로마 여인들의 방탕한 부도덕성을 한탄과 실망으로 노래한다. 그러나 콜라티누스의 아내 루크레티아는 하인들과 함께 양털로 남편의 옷을 짓고 있다. 그 자태의 아름다움과 정숙함은 다른 장군들의 부러움을 사게 된다. 단지 부러움에 그치지 않고 자신의 욕망에 사로잡혀 섹스투스 왕자는 밤중에 몰래 루크레티아의 집에 찾아간다. 예의를 갖춰 접대하는 루크레티아를 섹스투스는 협박과 강요로 겁탈한다. 만일 저항할 경우 그녀가 노예를 간음하다 현장에서 죽었다는 소문을 내겠다고 협박하며 그녀를 능욕한다.

밤사이 일어난 일에 대해 아무것도 모르는 하인들의 대화로 사뭇 경쾌하게 2막이 시작한다. 하지만 자신에게 일어난 치욕을 알리기 위해 루크레티아는 하인에게 전장에 나가 있는 아버지와 남편을 부르도록 한다. 아버지와 남편이 도착하자 루크레티아는 자신의 결백을 증명하기 위해 자결을 결정한다. 루크레티아는 자신의 죽음이 헛되지 않도록 복수를 부탁한다. 사랑하는 아내의 시신을 붙들고 오열하는 콜라티누스는 복수를 다짐한다. 하인들도 콜라티누스를 따라 슬프게 노래한다. 여기에 남성 코러스와 여성 코러스가 합류하면서 루크레티아의 죽음에 대한 애도가 이어진다. 이 장면을 함께 한 유니우스 장군은 루크레티아의 시신을 안아 시민들이 모인 광장으로 가서 왕자의 악행을 알린다. 유니우스 장군은 셰익스피어의 〈줄리우스 시저〉에 나오는 "브루투스 너마저!"의 브루투스 가문의 장군이다. 시대를 초월한 문학 작품 소재들의 등장은 매우 흥미롭다.

　　유니우스는 에트루리아 왕의 아들 섹스투스가 로마의 정숙한 여인을 능멸하였다고 외친다. 에트루리안을 몰아내야 한다는 유니우스 장군의 강한 의지 표현은 로마 왕정의 끝을 이끈다는 남성 코러스와 여성 코러스의 해설이 나온다. 이곳에서 루크레티아의 죽음이 헛되지 않았다는 것을 증명하게 된다. 즉 로마 공화정의 수립에 루크레티아의 희생의 대가가 있게 된 것이다. 연출가마다 달리[16] 마무리되기는 하지만 2막의 마지막 결말을 루크레티아의 죽음에 대한 숙고로 맺는 피오나 쇼(Fiona Shaw)의 연출을 본 글을 위한 자료로 활용하였다. 무대 위에 십자가가 크게 설치되고, 코러스는 '왜 죽어야만 했는가?'를 노래한다. 어두운 조명 아래 연기를 곁들인 코러스의 해설로 루크레티아의 죽음은 개인의 죽음이 아닌 공동체를 위한 희생으로 취급되면서 그리스도의 죽음과 비견된다. '왜 죽어야만 했는지'가 주는 여운을 음악적 특징과 함께 숙고하는 것은 〈루크레티아의 능욕〉을 이해하는 하나의 해석으로 간주될 수 있으리라.

3. 단순하지만 충분한 의미를 내포하다

오페라 〈루크레티아의 능욕〉은 에트루리아 왕 타르퀴니우스 수페르부스(Lucius Tarquinius Superbus, 기원전 495년 사망)가 이웃 나라와의 전쟁을 위해 자신의 아들과 장군들, 콜라티누스(Collatinus)와 유니우스(Junius)를[17] 데리고 출정, 장수들의 막사에서 술판이 벌어지는 장면으로 시작한다.[그림 2]

그림 2. 1막 막사에서 술을 마시는 장군들 모습

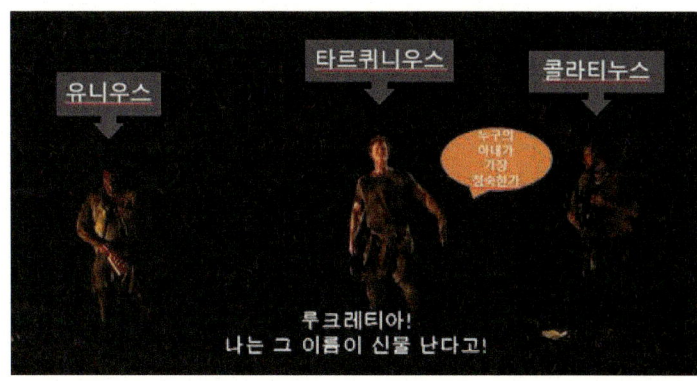

본격적인 시작 이전에 남성, 여성 코러스가 로마의 폭정에 대해 고발하는 노래를 부른다. '로마는 지금 에트루리아인에게 지배당하고 있다'(Rome is now ruled by the Etruscan upstart). '오만 방자한 왕 타르퀴니우스 수페르부스는 어떻게 권좌를 차지했는가?', '겸손한 자는 기도로 설득하고 탐욕스러운 자는 돈으로 매수했지' 즉 에트루리안의 로마 지배는 음모와 살인으로 일어난 것이라고 노래한다. 오페라에 등장인물이 많지 않은 이유는 이렇게 그리스 제전을 연상시키는 코러스를 사용하기 때문이다.[18] 남성과 여성 코러스는 서사적 해설과 도덕적 논평을 제공하면서 기독교적 관점에서 고대 로마이야기를 현대적으로 재해석한다.[그림 3] 이는 브리튼의 다른 오페라에서는 보기 드문 특징에 속한다. 브리튼은 관악기군들과 남성의 노래를 대화 방식으로 엮어나간다. 화성을 구성하는 한 번의 긴 음과 짧은 음들의 강한 연타는 높은 피치에서 오페라의 시작을 알린다. 트럼펫의 긴 음은 어두운 밤의 낮은 피아노가 시작하기 전까지 계속된다. 다른 작품에서와 마찬가지로 브리튼 특유의 피아노 반주는 이 오페라의 전체에 걸쳐 지속적으로 등장한다. 피아노 반주는 코러스의 레치타티보 가사 전달을 돕는 기제로 사용되고, 색채의 단순함으로 서사의 표현에 진실함을 돋보이게 하는 역할을 한다.

그림 3. 코러스는 극의 서사를 압축적으로 노래한다.

전쟁 막사에서 왕의 아들 섹스투스는 두 장군과 함께 술을 마신다.[19] 전쟁 중의 막사에서 갈증과 욕망을 술과 함께 풀어내며 "여기 목마른 저녁이 빛의 포도주를 들이켰다"(Here the thirsty evening has drunk the wine of light)와 함께 한바탕 흥청거림으로 요란하다. 그들 사이에서 누구의 아내가 가장 정숙한가에 대한 논쟁이 벌어졌고, 급기야 그들은 말을 달려 직접 로마로 돌아가서 아내들이 지내는 모습을 염탐한다.

오페라의 가장 큰 음악적 특징은 워드 페인팅 기법이다.[악보 1] 그 첫 예가 막사를 묘사하는 부분에서 귀뚜라미 소리를 하프로 연주하는 것이다. DC#B–DC#B 반복은 오페라 전체에서 시간을 나타내는 유도동기로도 사용된다. 예를 들어 이 모티브는 섹스투스가 루크레티아를 찾아가는 어두운 밤 시간을 암시하며 나타난다. 등장인물들의 내면 심리를 세밀하게 묘사하는 선율과 화성이 사용되고, 극적인 효과보다는 정서적인 깊이에 초점을 맞추어 내밀한 접근방식을 보인다.

악보 1. 1막 막사에서 술 마시는 장면에서의 페인트 기법

워드 페인팅 기법과 함께 이 오페라의 특징적인 음악 어법은 섹스투스와 루크레티아를 암시하는 유도동기를 사용하는 것이다. 가해자와 피해자는 서로 반진행의 형태로 나타난다. 하행하는 4도의 감화음 진행은 욕망을 주체하지 못하고 자기 자신을 도덕적으로 몰락시킨 섹스투스를 위한 선율이고, 단3도의 상행하는 선율은 운명에 굴복할 수밖에 없는 루크레티아의 유도동기로 사용된다.[악보 2]

악보 2. 2막 섹스투스가 루크레티아를 능욕하는 장면에서의 유도동기

다른 아내들은 흥청망청 방탕한 시간을 보내지만, 콜라티누스 장수의 아내인 루크레티아는 하인을 데리고 늦은 밤까지 양털로 남편의 옷을 짓고 있다. 그런 그녀의 모습은 너무 아름

다웠다. 사악한 왕자 섹스투스는 모두가 잠든 밤에 몰래 진영을 빠져나와 루크레티아를 찾아간다. 로마로 달려가려고 자신의 말을 다급하게 부르기 전, 말을 대신하여 남성 코러스는 섹스투스를 등에 업고 노래한다.[그림 4] 코러스의 역할이 상황 설명에서 확대되어 직접 연기를 하는 부분이다. 남성 코러스의 '타르퀴니우스는 그가 원하지 않을 때는 감히 하지 않을텐데'(Tarquinius does not dare when Tarquinius does not desire) 노래는 근심을 가득 담고 잔뜩 찌푸린 얼굴로 아주 낮은 음역의 느린 선율로 이어진다. 이어서 나오는 섹스투스의 '나의 말! 나의 말!'(My Horse! My Horse!)는 급한 리듬적 특징으로 빠른 템포가 대조를 이룬다. 밤을 상징하는 귀뚜라미 워드페인팅 기법과 섹스투스를 상징하는 유도동기가 함께 나오는 부분이다.

그림 4. 남성 코러스는 섹스투스를 등에 업고 노래한다

루크레티아의 "들어봐, 누군가 문밖에서 똑똑 문을 두드리네"(Listen! I heard a knock. Someone is at the Gate)에서 느끼는 일상의 평범함이 콘트랄로로 설정된 독특한 음색으로 들린다. 여성 코러스는 "남편의 친구이자 왕자의 신분인 섹스투스를 정중하게 맞는 루크레티아를 "내게 굴복하지 않으면 당신과 노예를 함께 죽이고 불명예스럽게 만들겠소"라며 섹스투스가 참혹하게 범하고 만다고 해설한다. 루크레티아는 슬픔과 비탄으로 밤을 지새운다. 1막은 이렇게 끝이 난다. 그러나 밤이 지나고 아무 일도 모르는 시녀들은 집안을 아름답게 치장하며 여느 때와 다름이 없다. 하녀 루시아는 "얼마나 아름다운 날인가!"(O What a lovely day)를, 비앙카는 루크레티아를 기쁘게 맞으며 '오! 저기 오시네!'(Hush! Here she comes!)를 비조성이면서도 유쾌한 음색으로

노래한다. 잠시 후 루크레티아는 시녀들에게 자신에게 일어난 비극을 알리며 좌절의 노래를 부른다. '꽃들은 해마다 똑같은 완벽함을 가져온다네!'(Flowers bring to every year the same perfection)

치욕을 당한 루크레티아는 왜 자결을 선택했을까? 전장에 나가있는 아버지와 남편을 불러 "나의 몸은 더럽혀졌지만 내 마음은 순결합니다"라며 타르퀴니우스 왕자의 만행을 알리고 복수를 부탁한 후에 그들 앞에서 자결을 한다. 2막의 막간(Interlude) 남녀 코러스는 유니슨으로 다소 거친 음색으로 '당신은 이 장면에서 미덕이 죄에 의해 공격당하는 것을 보게 된다'(Here in this scene you see virtue assailed by sin)을 노래한다. 조성에서 벗어난 선율의 흐름은 어둡고 불편하게 고발의 형식으로 앞으로 있을 비극을 설명한다. 빠른 관악기의 흐름은 유니슨과는 매우 이질적으로 느껴지면서 긴장감을 높인다. 콜라티누스가 도착하여 루크레티아를 부여잡고 오열하는 모습은 '루크레티아! 루크레티아! 우리 다시는 헤어질 수 없어!'(Lucretia! Lucretia! O never again must we two dare to part)와 함께 오페라의 극적인 장면을 연출한다.[그림 5]

그림 5. 콜라티누스가 도착하여 루크레티아를 부여잡고 오열하는 모습

브리튼이 루크레티아의 자결을 다루는 방식은 셰익스피어의 서사시와는 다르다. 셰익스피어는 루크레티아의 죽음을 개인적 비극과 복수로 제한하며 시인의 신중한 태도를 반영한다.

나는 죽지 않으리라, 내가 죽은 이유를 콜라티누스가 알기 전까지는/ 나의 슬픈 임종에 나로 하여금 자결하게 만든 자에게/ 복수 하겠노라고 남편이 맹세하기 전까지는[20]

루크레티아의 죽음은 앞서 논의된 브리튼의 사회, 정치적 책임을 다하는 모습을 연상시킨다. 시인 오든과 함께 정치 참여적인 작품에서 볼 수 있듯이 브리튼은 당시 영국 사회에서 타자로 분류되는 노동자와 성소수자들을 위한 운동에 직접 참여하며 그들의 분노를 작품으로 나타낸다. 루크레티아의 자결이 자신의 명예를 훼손하는 것에 대한 저항뿐만이 아닌 로마시민들이 느끼는 에트루리아 왕정의 폭정을 폭로하는 것으로 귀결되는 점이 그러하다.[그림 6] 한 개인의 희생이 로마 왕정을 끝내게 하고 공화정의 수립을 이끌게 된다는 결론이 브리튼의 마음을 사로잡은 것이리라. 그는 루크레티아의 자결에 사회, 정치적 메시지를 담아 개인적 비극이 집단적 행동과 정치적 변혁을 이끄는 상징성을 갖는다는 메시지를 강하게 전달한다.

그림 6. 로마 왕정을 끝내자고 외치는 장면 (01:41:31)

루크레티아의 죽음이 그리스도의 죽음에 비견되는 것은 그녀의 희생으로 정의가 실현되기 때문이다. 유니우스에 의해 루크레티아의 시신은 군중 앞으로 옮겨지고 광장에 모인 시민들은 아름답고 정숙한 루크레티아의 죽음에서 그리스도의 죽음을 떠올린다. 십자가의 의미가 루크레티아의 자결에 덧입혀진다. [그림 7]

여성 코러스가 노래하는 '아! 사랑 외에는 뭐가 있을까? 사랑이 전부다. 그게 모두이다. 너무나 순수했던 그녀가 왜 죽어야만 했는가? 그녀의 죽음을 애도하는 우리가 왜 살아야만 하는가? 너무나 짧은 아름다움! 이것이 전부인가? 이것이 전부이다!'(Is it all? Is all this suffering and pain, is this in vain?)는 오케스트라의 저음과 피아노의 고음 반주가 차례로 나오면서 루크레티아의 죽음

그림 7. 그리스도의 죽음에 비견되는 루크레티아의 죽음 (01:49:29)

이 헛되지 않음을 노래한다. '이것이 전부일 수는 없다'는 애절한 마음을 여성 코러스에 이어 남성 코러스가 노래하는 부분은 브리튼의 후기 낭만적인 음악 특징이 두드러지게 나타나는 부분이다. 조성감으로 뚜렷하게 시작하지만, 현악기만 남겨지면서 해체된 조성감을 팀파니가 조심스럽게 이어받는다. 반복되는 세 음의 부드러운 음색의 소심한 브릿지를 지나면서 두 코러스는 유니슨으로 노래한다. 합창이 주는 경건함이 무대의 십자가에 반영되면서 숭고한 죽음으로 전체 오페라가 막을 내린다.

4. 죽음에 대한 숙고

1946년 글린드본 음악제에서 초연된 〈루크레티아의 능욕〉의 주제는 단연코 '사랑과 죽음'이다. 콜라티우스와 그의 아내 루크레티아의 남녀 간의 애절한 사랑의 노래가 있는가 하면 오페라 마지막 장면에서 기독교적 죽음을 상징하는 십자가가 등장한다. 루크레티아의 정절과 희생은 남녀 간의 사랑이 중심으로 자리하는 가운데 인간성과 권력의 갈등이 탐구된다. 루크레티아의 죽음이 곧 그리스도의 죽음에 비유되는 것은 그리스도의 죽음 역시 '사랑과 죽음'이 주제이기 때문이다. 루크레티아의 죽음으로 인해 로마사의 큰 획을 그은 것은 곧 그리스도의 죽음으로 복음이 전해진 것과 비견될 수 있지 않을까? 두 사건 모두 개인의 희생이 공동체의 변화를 촉발했다는 점에서 유사하다. 루크레티아는 자신의 정절을 지키기 위해 자결함으로써 로마왕정의 부패와 폭정을 드러냈다. 그녀의 죽음은 민중의 분노를 일으켜 로마 공화정 탄생의 계기가 되었다. 즉 당시의 사회 상황에서 에트루리아인을 몰아낸 것은 그녀의 죽음의 숭고함을 기리기에 충분한 요인이다. 이는 그리스도가 십자가에서 죽음으로써 인류의 죄를 대속하고 새로운 신앙 공동체를 여는 계기가 된 것과 유사하다. 루크레티아는 자신의 명예를 위해 죽음을 선택했지만, 이는 개인적 차원을 넘어 사회적 정의를 위한 희생으로 확장되었다. 그리스도의 죽음 또한 개인적 고통을 넘어 인류 구원의 상징으로 자리 잡았다. 루크레티아의 이야기 역시 셰익스피어와 브리튼을 비롯하여 많은 예술가들의 소재로 사용되었다. 한 가지 차별점은 루크레티아의 행동은 능동적이었던 반면, 그리스도는 순종적으로 고난을 받아들임으로써 희생의 의미를 극대화했다는 점이다. 그러나 두 사건 모두 도덕적 타락에 대한 경고와 새로운 질서로의 전환을 상징한다. 왜냐하면 루크레티아의 자결은 성폭력과 권력 남용에 대한 저항으로 볼 수 있으며, 그리스도의 죽음은 죄악과 불의를 극복하는 신성한 승리이기 때문이다. 루크레티아는 자신의 죽음을 통해 정의의 실현을 촉구했고, 이는 그리스도가 사랑과 용서를 설파한 것과 맥을 같이한다. 즉 그녀의 죽음은 인간 존엄성과 정의를 위한 투쟁이라는 보편적 메시지를 전달한다. 이는 그리스도의 희생이 인류애와 구원이라는 보편적 가치를 담은 것과 다르지 않다. 두 사건은 모두 역사적 전환점에서 강력한 상징으로 작용했다는 점에서 의의가 깊으며, 따라서 루크레티아의 능욕은 단순한 여성의 비극이 아니라 인류사의 중요한 전환점을 상징하는 사건으로 볼 수 있다.

맺음말

고대 로마의 전설적인 사건을 다룬 브리튼의 오페라 〈루크레티아의 능욕〉은 단순한 개인의 비극을 넘어 정치 체제의 변화를 가져온 역사성을 다루었다는 점에서 중요하다. 또한 음악적으로는 브리튼이 이 작품을 통하여 실내오페라 형식을 탐구하였으며, 그의 첫 실내오페라라는 점에서 의의를 갖는다. 본 글에서는 브리튼이 오페라 〈루크레티아의 능욕〉을 작곡한 배경을 그의 성장 과정과 사회, 정치적 책임감이라는 키워드로 설명하였다. 1930년대 당시 브리튼은 영국 사회에서 시인 오든과 함께 사회 약자를 위한 음악을 작곡하고 영화를 만들었다. 성소수자로 살아야 했던 브리튼의 삶이 〈루크레티아의 능욕〉을 통해 정치 변혁을 이룬 한 여성의 죽음에 투영되었던 것이다. 실내오페라의 특징을 살려 브리튼이 취한 음악 어법은 유도동기와 워드 페인팅 기법이다. 피해자와 가해자의 라이트모티브를 상행하는 선율과 하행하는 선율로 상치시켜 극의 이해를 돕는다. 밤의 귀뚜라미 소리를 하프의 반복되는 선율 진행으로 나타내어 워드 페인팅 기법을 활용하였다. 더 두드러진 음악적 특징은 그리스 제전에서 사용된 코러스를 곡의 해설자로 사용한 것이다. 단지 해설을 넘어 연기에까지 투입하면서 주인공의 심리를 매우 효율적으로 설명한다. 마지막으로 루크레티아의 죽음에 대한 숙고는 '개인과 공동체'라는 개념의 논의로 나아간다. 한 개인의 희생이 공동체의 삶에 큰 변화를 이끈 루크레티아의 자결, 즉 '역사적 사건'을 '사랑과 죽음'의 주제로 해석한다. 콜라티누스에 대한 루크레티아의 정절은 개인 간의 사랑이며, 이 개인 간의 사랑이 당시 로마를 폭정으로 이끈 왕의 아들에 의해 짓밟혀 반란의 시작이 된다. 자신의 정절을 죽음으로 지킨 루크레티아의 죽음은 '그리스도의 사랑과 희생'으로 귀결될 수 있다는 점을 오페라의 연출을 통해 보여준다. 무대 위의 십자가와 그 십자가를 두고 불리는 코러스의 유니슨은 경건한 죽음으로 해석되기에 충분하다고 여겨지기 때문이다.

참고문헌

Britten, Benjamin. "Freeman of Lowestoft." *Tempo* 21 (1951): 3-5.

――――――. "On Writing English Opera," *Opera* 12 (1961): 7.

――――――. "On Receiving the First Aspen Award," *Saturday Review*, August 22, 1964.

Foster, E. M. "George Crabbe: the Poet and the Man." *Listener*, May 29, 1941.

Mellers, W.H. "Musical Culture in England and U.S.A." *Music & Letters* 24 (1943): 220-223.

Shakespeare, William. *The Rape of Lucrece*. 『루크리스의 능욕』. 신정옥 옮김, 서울: 전예원, 2011.

Wiebe, Heather. *Britten's Unquiet Pasts: Sound and Memory in Postwar Reconstruction*. New York: Cambridge University Press, 2012.

미주

1. 2019년 국립중앙박물관의 '로마 이전, 에트루리아' 특별전은 당시의 문화를 엿볼 수 있는 의미 있는 전시였다.

2. 브리튼은 12세가 되던 해인 1924년에 노르위치 페스티벌(Norwich Festival)에서 프랑크 브릿지를 처음 만났다.

3. 당시 영국에서는 12음기법과 총렬음악에 대한 이해가 부족하였고, 그의 부모님조차 유학을 반대하여 그는 계획을 포기하였다.

4. 전기 작가 킬데라에 따르면 브리튼은 낭만주의 고전들을 탐독하였고, 그의 견습시절 작품들은 많은 문학가들과 관련이 있다. 예를 들면 헨리 콘스타블, 발터 드 라 마레, 존 플레쳐, 존 가이, 빅토르 위고, 존 키이츠, 루드야드 키플링 등의 작가들이 그의 목록에 포함되어 있으며, 발터 드 라 마레의 시에 곡을 붙인 것은 70여편 중 14편에 달한다. 특히 드 라 마레의 〈은빛〉(Silver)은 인빛, 달, 과일, 나무, 억새, 동물의 발톱, 깃털 등의 자연이 다양한 모습으로 그의 작품 안에서 빛을 발한다. Paul Kildera, 'Britten Auden and Otherness' in *The Cambridge Companion to Benjamin Britten* ed. by M. Cooke, (Cambridge University Press, 1999), 36-53.

5. 이때 동행한 성악가 피터 피어스(Peter Pears, 1910-1986)는 그의 평생 동반자이다. 브리튼은 사실상 성악 작곡가라고 하여도 무방할 정도로 성악가를 위한 작품을 많이 썼다. 그의 오페라 〈루크레티아의 능욕〉은 페리어(Kathleen Ferrier, 1912-1953)를 위해 작곡되었다고 전해지며, 피셔 디스카우(Dietrich Fischer-Dieskau, 1925-2012)에게는 윌리엄 블레이크의 시에 노래를 입힌 곡을 헌정하였다. 자넷 베이커(Janet Baker, 1933-)에게는 〈페드라, Op.93〉을 헌정하였고, 특히 평생 반려자인 피어스를 위해 많은 가곡을 작곡하였는데, 그 중 〈세레나데, Op. 31〉이 유명하다.

6. 포스터(E. M. Foster)가 쓴 영국 알더버러(Aldeburgh)의 시인 조지 크래브(George Crabbe)에 대한 기사를 읽고 불현듯 영국으로 돌아가야 한다고 생각했다. (E. M. Foster, "George Crabbe: the Poet and the Man," Listener, May 29, 1941; Heather Wiebe, *Britten's Unquiet Pasts: Sound and Memory in Postwar Reconstruction*, Cambridge University Press, 2012, 17에서 재인용).

> 1745년 우리의 특별한 조지 크래브가 태어난 곳은 영국 서퍽(Suffolk) 주 해안의 알더버러로, 이곳은 좁고 황량한 지역이다. 풍경도 아름답지 않다. 부싯돌 탑이 있는 교회 주변에 옹기 종기 모인 모습이면서 북해로 뻗어 있다. 파도가 돌을 때리는 소리는 얼마나 요란한지, 강어귀 근처에는 부두가 있고, 넓고 탁 트인 진흙밭과 소금기를 머금은 공원, 습지의 새 울음소리, 모든 풍경들이 실로 우울하고 생기가 없다. 크래브가 이

곳에서 듣고 본 이 소리와 우울함이 그의 시에 들어가 있으니… 그러니 크래브의 시를 읽게 된다면 그가 이 우울하고 작은 마을에서 태어났으며 이 마을은 영국으로 통한다는 사실을 기억해야 할 것이다.

7. 1943년 10월 21일 브리튼이 홀스트에게 보낸 편지, 편지 제2권, 1162. W.H. Mellers, "Musical Culture in England and U.S.A.," *Music & Letters* 24 (1943), 223. 재인용.

8. 퍼셀의 작품 약 30곡을 편곡하였고, 퍼셀의 주제를 딴 〈청소년을 위한 관현악 입문〉을 작곡하였고 퍼셀의 성가를 모델로 칸티클을 작곡하였다. 또 퍼셀의 오페라 〈디도와 에네아스〉를 편곡하였다.

9. 당시 브리튼의 작품을 살펴보면, 오든의 〈성 세실리아 찬송〉(*Hymn to St. Cecilia*, 1942), 크리스토퍼 스마트의 〈어린 양 안에서의 기쁨〉(*Rejoice in the Lamb*, 1943), 존 돈의 〈신성한 소네트〉(*The Holy Sonnets*, 1945), 크래브의 서사시를 바탕으로 한 〈피터 그라임스〉(*Peter Grimes*, 1945), 〈봄의 교향곡〉 (*The Spring Symphony*, 1949) 등으로 영국 명시 선집을 이용하여 작곡을 많이 하였다.

10. Benjamin Britten, "Freeman of Lowestoft," *Tempo* 21 (1951), 4; Heather Wiebe, *Britten's Unquiet Pasts: Sound and Memory in Postwar Reconstruction*, Cambridge University Press, 2012, 20 재인용.

11. Benjamin Britten, "Freeman of Lowestoft," *Tempo* 21 (1951), 4; Heather Wiebe, *Britten's Unquiet Pasts: Sound and Memory in Postwar Reconstruction*, Cambridge University Press, 2012, 20 재인용.

12. Benjamin Britten, "On Receiving the First Aspen Award," *Saturday Review*, August 22, 1964, in *Britten on Music*, ed. Kildea, 262; Heather Wiebe, *Britten's Unquiet Pasts: Sound and Memory in Postwar Reconstruction*, Cambridge University Press, 2012, 21 재인용.

13. Benjamin Britten, "On Writing English Opera," *Opera* 12 (1961), 20.

14. 1936년에 작곡된 금관악기와 타악기를 위한 곡으로 그의 평화주의적 이상과 반파시즘의 메시지를 담고 있다.

15. 1905년 겨울 궁전 앞 시위대 학살 이후 장례식에서 사용된 선율을 포함하고 있다. 이 선율은 이후 쇼스타코비치 교향곡 제11번 3악장의 주요 테마로 사용되기도 하였다.

16. 다미아노 미켈레토(Damiano Michieletto)의 연출은 미니멀한 무대 구성과 보스니아 내전을 배경으로 한 점이 특이하다. 2015년 로열 오페라 하우스에서 공연되었다. 2015년 글라인드본 페스티벌에서 공연된 피오나 쇼(Fiona Shaw)는 탐미적이고 신랄한 연출로 작품의 난해함을 인간의 욕구에 초점을 맞추었다. 과감한 노출과 사실 묘사적 행위가 특징적이다. 데이비드 맥비카(David McVicar)의 2001년 상연작은 많은 호응을 받은 것으로 유명하다.

17. 여기에 등장하는 유니우스는 고대 로마 말기 정치가인 마르쿠스 유니우스 브루투스의 조상이다. 율리우스 카이사르의 암살자 중 중요한 역할을 맡은 사람으로 마르크스 브루투스는 유명하다. 특히

셰익스피어의 희곡 〈율리우스 시저〉에 나오는 "브루투스 너마저" 대사는 유명한 인용문이다.

18. 셰익스피어의 〈루크레티아의 능욕〉에서는 코러스가 여러명이다. 프랑스 작가 오베이에 의해 두명으로 축소된 것을 로널드 던컨이 그대로 따랐다. 셰익스피어의 희곡에서는 단지 해설을 담당했던 코러스 역할이 이 오페라에서는 주인공의 심리묘사와 연기를 실제로 하는 등의 변화가 있다.

19. 와인을 담은 암포라를 흔들며 와인을 여성에 비유하는 장면은 페미니즘의 주제로 다룰 여지를 준다.

20. William Shakespeare, 『루크리스의 능욕』, 신정옥 옮김 (서울: 전예원, 2011), 97.

제6장

시간, 기억, 역사를 품은 '아름답지 않은 소리'의 미학
침머만의 〈병사들〉(1960-64)

글 · 조유경

〈작품 정보〉

음악: 베른트 알로이스 침머만(Bernd Alois Zimmermann, 1918-1970)

원작: 야콥 미하엘 라인홀트 렌츠(Jakob Michael Reinhold Lenz, 1751-1792) 희극 『군인들』(Die Soldaten, 1776)[1]

대본: 베른트 알로이스 침머만

초연: 1965년 2월 15일 쾰른

구성: 4막 15장

1. 20세기 독일현대사 안에서 본 침머만 그리고 〈병사들〉

2. '공 모양의 시간'에 함의된 사상

3. 문학의 '시공간의 열린 형식' 수용

4. '공 모양의 시간'과 비판성: '운명'의 기호화

맺음말: 역사에 대한 다양한 태도

시간, 기억, 역사를 품은 '아름답지 않은 소리'의 미학 침머만의 〈병사들〉(1960-64)

글 · 조유경

"음악은 듣기 거북할 만큼 추하고 무대는 잔인할 정도로 폭력적이며 〈병사들〉의 공연은 귀청을 찢는 듯한 날카로운 비명과 함께 끝나 버린다."[2]

위의 인용문은 2014년 10월 31일 뮌헨 국립극장에서 공연된 독일의 작곡가 베른트 알로이스 침머만(Bernd Alois Zimmermann, 1918~1970)의 오페라 〈병사들〉(Die Soldaten, 1960-64)에 대한 연주 비평의 서두 부분이다. 이 작품에 대한 대부분의 다른 연주 비평에서와 마찬가지로 여기에서도 성악과 기악 연주에 요구되는 높은 기술적 난이도와 무대제작과 연출의 어려움을 지적하고 있다. 이 비평에서 말하는 기술과 연출에 대한 어려움이란 '아름답지 않은 소리'의 표현에 대한 어려움이다. 과연 '아름답지 않은 소리'의 실체는 무엇일까? 이 글은 이 질문에서 출발하여 오페라 〈병사들〉의 미적 의미를 탐구해 보고자 한다.[3]

19세기 중엽 요한 카를 프리드리히 로젠크란츠(Johann Karl Friedrich Rosenkranz, 1805-1879)는 『추의 미학』(Ästhetik des Häßlichen , 1853)에서 당대 음악가들의 "음악의 파괴"와 다름없는 불협화음에 대한 처리 과정에 주목한다.[4] 그의 논의가 불협화음을 아름다운 음악으로 승화시키는 18세기 음악을 전제로 하기 때문에 현대음악에 나타나는 불협화음 자체에 적용하는 것에는 한계가 있음을 부정할 수 없지만, 그럼에도 불구하고 유의미한 것은 "소리, 시간, 느낌"의 예술로서의 음악이 회화나 건축 등 다른 예술 장르에 비해 훨씬 더 용이하게 정신의 내면화에 관여한다는 것을 보여 주었다는 사실이다.[5] 음악이 정신적 활동에 관여할 수 있다는 것은 우리가 현재 가지고 있는 제한적인 믿음으로부터 자유롭게 해 주는 것을 의미하며, 이는 순수한 사고와 양심의 진지함을 일깨워 주는 것에 이르게 한다.

이러한 점에서 '아름다운 음악(소리)'라는 것은 음악(소리) 그 자체가 아니라 청자의 정신적 활동에 개입할 수 있는 매개체로 볼 수 있다. 독일 관념론에 입각한 이러한 음악에 대한 생각은

20세기에 이르러서 에른스트 블로흐(Ernst Bloch, 1885-1977)나 테오도어 아도르노(Theodor W. Adorno, 1903-1969)의 음악미학 사상으로 그 명맥을 잇는다. 이 두 사상가는 20세기 현대음악에서의 불협화음이 현대 사회의 어두운 모습을 반영하고 자율적 소리가 가진 사회비판의 가능성을 제시했으며, 마침내 '불협화음적인 것' 즉 추한 것이 질적으로 새로운 의미를 지니게 되었다고 보고 있다.[6] 이렇듯 정신과 직접적인 관계를 맺을 수 있는 소리의 독자적인 성격때문에 음악에서는 표현의 자유와 추의 가능성이 확장된다고 볼 수 있는 것이다.

　　그렇다면 20세기의 현대음악에서 추의 가능성은 어디까지 확장될 수 있을까. 지금까지 '아름답지 않은 음악'을 둘러싼 담론은 '불협화음'을 중심으로 펼쳐져 왔는데, 엄격한 조성체계에 맞추어 작곡되지 않은 곡이더라도 충분히 아름다운 소리를 가진 작품들이 늘어남에 따라 현재 이 용어는 협화음—불협화음이라는 대조어의 차원을 넘어서 '아름답지 않은 소리'의 상징적인 의미로 사용되고 있다. 이미 오래전부터 여러 해석자들(작곡가나 음악학자들)은 듣기 편한 불협화음과 그렇지 않은 불협화음을 단계적으로 나누어 분석하여 정도가 심한 불협화음이 덜 심한 불협화음으로 해결된다라는 새로운 해석을 제시해 왔다. 불협화음은 어떻게 해서든 아름다움으로 승화되어야 할 불완전하고 아름답지 않은 것으로 인식되고 있으면서도, 또 다른 한편으로는 불협화음 그 자체에서 아름다움을 찾으려는 시도도 존재하고 있다. 하지만 '아름답지 않은 음악(소리)'에 대한 평가는 여전히 청각적 결과물에 대한 소박한 느낌을 서술하는 것에 머물러 있고, 이제부터는 한 작품을 제대로 평가하기 위해서 '아름답지 않은 음악(소리)'에 대한 유익한 길잡이를 제시해야 할 것이다.

　　로젠크란츠가 지적하고 있듯이, 추상성이 높은 음악에서 무엇이 아름다운지 무엇이 아름답지 않은지에 대해 판단을 내리는 것은 결코 쉬운 일이 아니다. 그런데 침머만의 〈병사들〉과 같은 류의 현대음악을 너무나도 쉽게 추한 소리를 가진 음악으로 규정하는 경향이 있지 않은지 다시 한번 생각해 봐야 할 것이다. 경험미학의 입장에서 이야기하자면, 우리가 어떤 소리가 아름답다라고 인식하는 것은 그 소리 자체가 아름다움을 지니고 있기 때문이라기보다는 한 시대가 공유하고 있는 미에 대한 공통 감각[7], 다른 말로 하자면 유행이라는 것을 반복적으로 경험하면서 일차적으로는 익숙한 것에 대해 아름답다고 느끼는 것에서 비롯된다고 말할 수 있다.[8] 서양예술음악 감상에 있어서 현재 우리가 공통 감각이라고 믿고 있는 것은 지금까지의 조성음악에 대한 청취 경험, 즉 유기적, 구조적 청취에 의해 형성된 근대적 감각인 것이다.[9] 우리는 침머만의 〈병사들〉에서 모차르트나 베르디의 오페라에서 발견되는 종류의 구조적 아름다움을 무의식적으로 찾고 있는지도 모른다. 이는 현대를 살아가고 있는 우리 자신이 우리 시대의 음악을 등한시해 온 결과이기도 하다. 여기서 우리는 작품 자체에 내재되어 있는 '미'에만 초점을 맞출 것이 아니라 이 시대의 우리가 인식하고 경험하는 '미', 다시 말해 '감각, 감성, 지각'의 문제로 침머만의 작품을 바라봐야 할 것이다. 여기서 선행되어야 할 것은 작곡가와 작품을 둘러 싸고 있는 시대적, 미학적 맥락을 파악하는 것이다. 왜냐하면 작곡가도 동시대의 청중들이 공유하고 있는 공통 감각이라는 것을 무시하고 자의적으로 곡을 쓰지는 않았을 것이기 때문이다. 이는 침머만의 〈병사들〉을 더욱 깊게 이해하고 제대로 감상하기 위해서, 더 나아가서는 우리 시대의 공통 감각이라는 것의 실체를 밝혀내는 데 매우 중요한 작업이다. 따라서 이 글에서는 침머만의 오페라 〈병사들〉의 내용과 구성의 근간을 이루고 있는 '공 모양의 시간(Kugelgestalt der Zeit)'[10] 개념을 중심으로 작곡가와 작품 그리고 작품과 감상자 사이에 존재하는 공통 감각을 전제로 시간, 기억, 역사 간의 관계를 밝히는 시도를 할 것이다. 구체적으로는 20세기 독일 현대사와 세대론에 입각하여 침머만의 시간 개념이 음악적 구조의 기반을 이루는 것 뿐만 아니라 역사와 기억이라는 요소를 동반하고 있음을 미학적으로 논할 것이다.

1. 20세기 독일현대사 안에서 본 침머만 그리고 〈병사들〉

20세기 독일현대사라는 틀 안에서 침머만은 전후 1세대 작곡가로 자리매김할 수 있다. 이 세대는 히틀러 집권기에 청소년기를 보냈고, 제2차 세계 대전이 막 시작된 1940년대 초반에는 강제 징집되어 참전하거나 전쟁 포로 수용소에 갇히는 등 전쟁의 소용돌이에 휩싸여 있었던 세대이다. 68운동의 시대에 이들은 이미 중년에 접어 들었고, 전후에 태어난 동시대의 청년들과는 확연히 다른 독자적인 이념과 사상을 가지고 있었다.[11] 비낭만적 혹은 현대적인 음악을 배척했던 나치 정권의 문화 정책과 검열이라는 억압적인 환경 아래 이들의 초기 음악활동은 '아름답고 듣기 쉬운' 조성 음악 창작으로 제약을 받았다. 그렇기에 더욱 이들이 전쟁이 끝난 직후(비록 일시적이기는 하지만) 이전의 문화적 억압에 대한 반동으로 12음기법 탐구에 상당히 의욕적이었음은 충분히 납득이 가고도 남는다. 히틀러 시대가 막을 내리고 새로운 시대의 도래를 알리는 '제로 아워(Zero Hour, 1945년 5월 8일)'를 기점으로 독일 내의 음악계에서도 그동안 '퇴폐음악'으로 지정되고 금지되어 왔던 모더니즘 음악[12], 이른바12음 기법에 대한 탐구와 음렬주의 음악 창작에 열정적인 힘을 쏟아 붓게 된다. 그런 가운데 침머만을 비롯한 일련의 작곡가들은 1950년대 초중반을 지나면서 음렬이라는 시스템에 속박되어 작곡하는 것과 자유의 억압을 동일시하기 시작하였고, 그 결과 그들은 다양한 독자적인 음악적 스타일을 추구하게 된다.

이러한 스타일의 변화가 양식사에서는 작곡가 자신의 양식 발전을 위한 과정에서 일어난

일로 해석되는 것이 일반적이지만, 이 배후에는 독일 현대사 및 20세기 인류사가 밀접하게 관계하고 있었다. 20세기 전반 두 차례의 세계대전과 전염병이 전세계를 휩쓸고 지나가는 동안 철학, 과학, 예술에서 나타난 공통 관심사 중 하나가 바로 시간에 대한 철학적 고찰이었다. 특히 1950년대 중반 이후 서독의 지식인들과 예술인들 사이에 유행했던 제임스 조이스(James Joyce, 1882-1941)의 문학 작품 독서회라든지 여러 토론회 등은 이들이 시간과 관련된 세계관과 역사관을 형성하는데 기여했음에 틀림없다. 이 시대를 함께 살아 온 동시대의 철학자, 역사가, 과학자, 예술가(여기에는 다수의 작곡가들이 포함되어 있었다)들이 공통적으로 가진 기억, 역사, 시간이라는 미학적 테마는 침머만에게도 중요한 문제였다.

침머만의 〈병사들〉은 1957년 작품 구상시기부터 최종 개정판이 완성된 1964년까지 작곡가 자신이 기억, 역사, 시간에 대한 사고를 심화시켜 나가는 과정에서 탄생하였다.[13] 이 작품은 엄격한 음렬 체계로 이루어진 음악에서 시간 철학과 콜라주 기법으로 이행하는 작곡가의 후기 양식의 대표작으로 알려져 있다.[14]

〈병사들〉은 전 4막 15장으로 구성되어 있으며, 이 작품의 대본은 18세기 독일의 질풍노도 시기의 극작가인 야콥 렌츠(Jacob Michael Reinhold Lenz, 1751-1792)의 희극 『군인들』(1775)[15]을 바탕으로 작곡가 자신이 직접 현대적으로 재해석하여 작성하였다. 원작과 비교해 보면 몇몇 등장인물의 삭제와 세세한 스토리의 수정이 이루어졌다. 후술하겠지만 특히 결말 부분이 대폭 수정되었다는 점에 주목할 필요가 있다. 렌츠는 『군인들』을 쓰기 전인 1772년에 쿨 공국의 귀족인 크라이스트 남작 형제와 스트라스부르크에서 주둔군의 생활을 함께 했으며, 그러한 경험을 바탕으로 『군인들』을 집필하고, 이어서 "군인의 결혼에 대해서"(1776)라는 글을 발표하여 군대라는 집단으로 인한 사회적 병폐를 고발하고 비판한다. 침머만이 렌츠의 희곡을 선택한 데에는 제2차 세계 대전에 참전하여 화학 독극물에 중독까지 되었던 그 자신의 전쟁 경험이 크게 작용했을 것이라는 추측을 할 수 있을 것이다.

하지만, 침머만은 렌츠의 작품에서 겨냥하고 있는 18세기적인 계급 간의 갈등도, 자신이 전쟁에서 겪은 구체적인 사건도 작품에 투영하지 않았으며, 전쟁 상황 속에서의 인권과 윤리의식의 타락에 더욱 초점을 맞추어 전쟁의 참상을 훨씬 더 보편적이고 포괄적인 논쟁의 차원으로 끌어올린다. 독일 문학 연구자인 츠다 카츠미(津田克己)에 의하면, 렌츠의 『군인들』은 전체적으로는 전쟁에 짓밟혀 피폐해진 프랑스령의 플랑드르를 배경으로 시민계급과 귀족 군인 사이의 대립과 갈등을 비판적으로 그린 작품이다.[16] 그는 『군인들』의 마지막 장면 분석에서 군의 연대장인 폰 슈판하임 백작과 드 라 로샤 백작부인의 대화가 극의 등장인물 들의 비극의 바깥에서 극의 내용에 전혀 개입하지 않고 해설자로서의 입장을 취한다는 점에 주목한다. 이 두 등장인물은 극의 여주인공 마리(시민계급)의 몸에 대해 논하고, 여성의 비극적인 운명의 원인과 해결책에 대해서 토론한다. 폰 슈판하임 백작은 군인들에게 성적으로 농락당한 마리의 경우처럼 전쟁으로 인해 여성에게 비극적인 일이 일어나는 것을 막기 위해 '군인용 위안부 양성소'의 설치를 제안하는데, 드 라 로샤 백작부인은 그 실현가능성과 유효성에 회의를 가지고 반론한다. 하지만 백작부인은 마리의 비극적인 운명이 낡은 사회질서나 인습적인 계급 구조에만 있는 것이 아니라 우선은 마리와 그녀의 부모에게 책임이 있음을 강조한다. 이 작품 안에서 백작과 백작부인은 계몽주의 의식을 가지고 있는 귀족계급으로 그저 다른 귀족들보다 다소 긍정적인 인물로 그려져 있을 뿐 결국에 이들도 방관자에 지나지 않는다고 츠다는 말한다. 그는 렌츠가 질풍노도 시기의 시인답게 사회 개혁 의식을 가지고 있었고 그 좋은 의도에도 불구하고 『군인들』안에서조차 "결코 계급간의 장벽의 제거라고 하는 철저한 해결"에 이르지는 못했다고 본다.[17]

침머만은 렌츠의 『군인들』로부터 등장인물, 프랑스와 독일의 전쟁 그리고 전쟁사 안에서의 '병사들과 여자'라는 기본적인 주제를 본인의 오페라에 그대로 가지고 온다. 하지만 그는 많은 고심 끝에 마지막 장면을 대폭 수정한다.[18] 〈병사들〉에는 우선 폰 슈판하임 백작이 등장하지 않으며 드 라 로샤 백작부인과의 대화 부분이 완전히 삭제되어 있다. 렌츠의 희극 『군인들』에서는 마지막 장면에서 극의 흐름과 상관없는 내용이 갑자기 등장하여 관객을 놀라게 하는 효과를 주었는데 반해, 침머만의 오페라 〈병사들〉에서는 이 부분이 삭제됨으로써 전체적인 이야기 구성면에서 렌츠의 작품보다 오히려 훨씬 더 자연스러운 흐름을 보여준다. 그 대신 침머만은 오페라 전체에 걸쳐서 다양한 시간과 공간적 장치를 활용하여 다감각적(mutlisensory)으로 관객들의 의식에 관여하는 방식을 활용한다.

제1막에서는 상인 베제너의 딸 여주인공 마리와 그녀의 언니인 샬로테의 대화를 통해서 마리가 약혼자인 슈톨치우스에게 관심이 없으며 프랑스 군의 귀족 장교인 데포르테와 사랑에 빠지는 내용이 소개되고, 이어서 제 2막에서는 마리와 데포르테의 관계를 알게 된 슈톨치우스가 데포르테에게 복수할 결심을 한다. 그리고 이어지는 제 3막에서는 마리가 데포르테에게 버림을 받았다라는 이야기, 그리고 그녀가 메리 대위와 새로운 사랑에 빠졌다는 이야기, 마리가 이 두 귀족 장교들에게 농락당하는 이야기들이 펼쳐지고 마지막으로 제4막에서는 앞에서 등장한 모든 인물들과 그들에게 얽힌 사건들이 한 무대 위에서 여러 시간과 공간층을 교차하여 나타난다. 여기서 동원되는 시공간과 관련된 시각적 청각적 장치는 마리가 당하는 신체적, 정신적 폭력을 보여주는 장치로도 사용된다. 침머만이 가장 고민했던 부분이기도 한 오페라의 결말 부분은 원작과는 다르게 거지가 된 마리가 베제너에게 동냥을 하는 모습이 그려지고 부녀가 서로를 알아보지 못하는 장면과 병사들의 행진을 연상시키는 음악소리가 겹치면서 끝난다. 렌츠가 『군인

표 1. 오페라 〈병사들〉의 줄거리

제1막	제2막	제3막	제4막
1장: 베제너의 집에서 마리가 샬로테의 도움을 받으면서 슈톨치우스의 어머니에게 편지를 쓰고 있다.	1장: 배경은 아르망티에르 카페. 마리와 데포르테의 연인 관계가 알려지게 되고, 슈톨치우스는 그녀를 떠난다.	1장: 목사 아이젠하르트와 피르체르 대위는 군인과 여자의 관계에 대해서 논한다.	1장: 모든 등장인물들과 그들에 얽힌 사건들이 무대 위에서 '공 모양의 시간'으로 표상된다.
2장: 슈톨치우스가 마리에게서 온 편지를 어머니에게 보여주지만, 어머니는 내켜 하지 않는다	2장: 슈톨치우스는 마리를 비난하고 데포르테에게 복수할 결심을 한다.	2장: 슈톨치우스는 메리 대위를 찾아가 군인이 되기를 희망하고 당번병으로 채용된다.	2장: 슈톨치우스는 메리 대위와 식사하고 있는 데포르테를 독살하고 자신도 독을 마신다.
3장: 편지를 쓰고 있는 마리에게 프랑스의 군인 데포르테가 찾아온다. 그리고 둘은 함께 외출한다.		3장: 샬로테가 마리의 행실을 비난한다. 메리 대위, 마리, 마리의 어머니는 함께 외출한다.	3장: 거지가 된 마리와 베제너가 리스강 부근에서 만나지만 서로 알아보지 못한다. 스크린에서는 병사들이 행진하며 사라진다.
4장: 젊은 병사들과 종군 목사 아이젠하르트가 매춘부의 운명론에 대해서 논쟁한다.		4장: 드 라 로샤 남작부인은 평판이 나쁜 마리와 교제하는 아들을 비난한다.	
5장: 베제너는 딸의 신분상승을 위해 남작과의 관계뿐만 아니라 슈톨치우스와의 관계유지도 요구한다.		5장: 드 라 로샤 남작부인이 마리를 찾아와 자신의 집으로 데리고 가서 그녀의 명예를 회복시켜 줄 것이라고 말한다.	

들』에서 등장인물들의 입을 통해서 직접적인 방식으로 메세지를 전달하고자 했던 것에 반해, 침머만은 〈병사들〉에서 시간과 공간에 대한 감각적 장치를 활용하여 추상적이고 상징적으로 열린 해석의 가능성을 모색했다고 볼 수 있다.

　　이러한 추상적, 상징적 제스처는 등장인물들을 중심으로 펼쳐지는 내러티브 방식에서도 나타난다. 이 오페라에서 특기할 만한 점은 마리를 둘러싼 사건들이 주로 마리의 주변 인물들을 통해서 이야기되고 사건의 진상이나 진실 같은 것들은 명확하게 드러나지 않으며 상징적 제스처가 다양하게 사용되고 있는 점이다. 게다가 제 1막 4장과 제3막 1장 같이 윤리성을 중요시하는 종군 목사 아이젠하르트와 병사들 사이에서의 매춘부에 대한 논쟁의 삽입 등은 이야기 흐름의 비연속성에 기여한다. 이러한 구성 방식으로 인해 등장인물들의 서사가 뒤로 밀리고, 한 여인이 본인의 의지와는 상관없이 병사들 사이에서 매춘부로 내던져지는 상황이 강조된다. 이렇듯 이 오페라에서는 마리의 가련한 사랑이야기나 혹은 슈톨치우스의 생각과 행동을 분석하여 등장인물의 개인사에 초점을 맞추기 보다는 병사들이라는 집단이 어떻게 한 여인을 타락시키는지 포괄적인 상황을 보여주고 있는 것이다. 이 작품에서 침머만은 기승전결의 전통적인 스토리라인을 통해서라기보다 언어와 소리의 파편화를 이용해서 병사들이 윤리와 인권에 대한 의식을 잃어 버리는 과정을 보여준다. 이러한 방식은 청중들의 시각과 청각을 자극하여 다감각적으로 의식을 일깨운다.

뒤에서 상세히 설명하겠지만, 여기서 말하는 시각과 청각을 자극하여 의식을 일깨운다는 것은 과거에 대한 무의식적인 망각과 의식적인 은폐에 대한 저항이라고 말할 수 있다. 단적으로 말하자면 역사의식을 일깨우는 일인 것이다. 이러한 비판 의식은 우선 오페라 전체 배경의 설정에서 그 힌트를 얻을 수 있을 것이다. 〈병사들〉은 프랑스의 플랑드르를 장소 배경으로 '어제, 오늘 그리고 내일'이라는 애매모호한 시간 배경으로 설정되어 있다. 특히 이러한 시간 설정은 오페라의 내용이 언제 어느 시대에서든 일어날 수 있는 이야기라는 것을 암시한다고 볼 수 있다.[19] 침머만은 이 작품에서 '공 모양의 시간'에 바탕을 둔 단편적인 내용의 반복, 시간의 동시성 그리고 시간의 선후관계에 의거한 계기적인 배치를 통해서 작품을 구성한다. 이러한 침머만의 시간 개념에는 음악적 요소와 내용들의 구성으로 만들어 지는 음악적 사건들의 새로운 조합 이상으로 역사와 기억이라는 요소가 동반된다. 이러한 표현 수법은 〈병사들〉을 기점으로 이 후의 작품들에서 더욱 본격적이고 과감하게 발전해 나간다.

2. '공 모양의 시간'에 함의된 사상

침머만이 〈병사들〉 작곡에 착수했을 즈음인 1958년 동시대 작곡가인 슈톡하우젠에게 보낸편지에서 그는 철학에서 독점적으로 논의되어 온 '시간'이라는 주제와 음악 안에서 어떤 형태로든 이미 존재하고 있는 '시간'을 함께 생각해야 할 필요성을 제기하고 있다.[20] 그는 인간이라면 누구나 시간의 문제에 직면하고 있으며 시간은 "집단적(kollektiv)" 성격을 가지고 있기 때문에 "나"에 대해서가 아니라 "우리"에 대해서 말하는 것이 적절하다고 기술하고 있다.[21] 침머만에게 '시간'은 인류 보편의 문제로 이해되고 있다는 것이다.

아래의 도서 목록은 침머만이 슈톡하우젠에게 보낸 편지에서 언급된 몇몇 중요한 책 이름을 정리한 것이다.

표 2. 1958년 슈톡하우젠에게 보낸 편지에 기재된 침머만의 도서 목록

저자	저서
아우구스티누스	『고백록』 (AD 397-400)
J. 폴켈트	『시간의 현상학과 형이상학』 (1925)
M. 하이데거	『존재와 시간』 (1927)
E. 후설	『내적 시간의식의 현상학』 (하이데거 편집, 1928)
빈델반트-하임제트	『철학사 교본』 (Lehrbuch der Geschichte der Philosophie, 1935)
V. 바이체커	『형태와 시간』 (Gestalt und Zeit, 1942)
G. 크뤼거	『시간에 대한 칸트의 생각』 (하이데거 논문집, 1955)
H. 콘라트-마르티우스	『시간』 (1958)
E. 파운드	『말과 소리』 (Motz el son, 1957)

침머만은 소크라테스 이전의 자연 철학자들, 플라톤, 아리스토텔레스, 스콜라 철학, 데카르트, 라이프니츠, 뉴턴, 칸트, 베르그송의 시간론을 포함하여 특히 하이데거, 후설 등의 20세기 초중반의 현대철학에서의 시간론을 섭렵하고 있었다. 이들의 시간론은 침머만이 '공 모양의 시간' 개념을 발전시켜 나가는 데 사상적 바탕이 되었다고 볼 수 있다. 위의 도서 내용을 전부 세밀하게 살펴 보면 좋겠지만 이 글에서는 침머만이 이후의 다른 논고들에서 반복적으로 언급하고 있는 아우구스티누스, 후설, 하이데거의 시간론을 중심으로 상세하게 검토할 것이다. 특히 아우구스티누스의 시간론은 후설과 하이데거의 현상학적, 존재론적 시간론의 시조라고 볼 수 있다는 점에서 침머만의 '공 모양의 시간' 개념 형성에서도 그 시발점이 된다.

침머만은 오페라 〈병사들〉을 구상하기 시작한 1957년에 "음정과 시간"(Intervall und Zeit)이라는 논고를 발표한다. 이 논고에서 그는 '공 모양의 시간'에 대해 다음과 같이 언급하고 있다.

시간의 동시성과 음악적 차원에서의 시간의 교환 가능성이라는 관점에서 보면, 현재, 과거, 미래의 일체화, 즉 시간의 일체화라는 상당히 현대적이면서도 동시에 오래된 이 사상은 시간적 질서의 예술로서의 음악 안에서 새로운 시점을 획득한다. 이 시점은 아우구스티누스가 인간 정신의 자기 확장 안에서 항상 지나가고 있는 순간을 포괄하여 과거와 미래를 항상적 현재에 몰두하게 하는 인간 정신의 본질 안에서 시간의 일체화의 기초를 다진 것과 같은 것이다.[22]

시간의 동시성 그리고 교환 가능성으로 표현되는 '공 모양의 시간'이란 우리가 흔히 생각하는 과거에서 미래로(혹은 미래에서 과거로) 흐르는 시간이 아니라 여러 시간층이 공 안에서 질서 없이 얽혀 있음을 나타내는 메타포이다. 이 '공 모양의 시간'에서 중요한 점은 시간의 '직선적 흐름'이 부정되는 것인데 이는 시간을 '지금 이 순간의 영원한 지속성' 즉 '항상성'으로 인식하는 것이다. 침머만에 의하면 이 '항상성'이라는 개념은 아우구스티누스의 시간론에서 제시된 '시간의 일체화'라는 사상과 직결되어 있는데 이는 쉽게 말해서 과거, 현재 그리고 미래라는 시간층이 인간의 정신 안에서 '지금 이 순간'에 끊임없이 흡수되고 수렴되는 것을 의미한다.

시간론에 대해 특별한 관심을 가지고 있었던 많은 동시대 사상가들이나 예술가들이 그랬던 것과 같이 침머만도 아우구스티누스의 『고백록』(Confessions, 397-400)의 중요성을 여러 곳에서 강조하고 있다. 앞의 인용문에서도 알 수 있듯이, 침머만은 아우구스티누스의 『고백록』 제11장의 시간론으로부터 인간이 자신의 정신 안에서 '지금'이라는 시간을 의식하는 것에 주목하고 있다. 『고백록』에서 아우구스티누스는 오직 신만이 시간을 소유하는데, 신은 무언가를 끊임없이 창조하기 때문에 신의 시간에는 현재만이 존재한다고 말한다. 이와 반대로, 인간에게 시간은 생성과 소멸의 과정에 있는 것이다.[23] 여기서 침머만은 아우구스티누스가 인간의 정신 활동 안에서의 현재가 과거와 미래의 가교 역할을 한다고 보는 점에서 '공 모양의 시간' 개념의 착상을 얻는다. 미래를 기대하고 현재를 직관하고 과거를 기억하는 행위가 인간이 자신의 정신 안에서 경험하는 시간의 모습인 것이다. 이처럼 침머만은 시간을 의식 자체의 흐름으로 이해하고 다른 모든 의식적 체험들의 토대로 보면서 이 현상학적 시간을 음악의 시간성에 적용시키기 위한 시도를 한다.

다만 이 경우에 문제가 되는 것은 음악 자체는 "물리적 시간" 즉 "실제의 시간"에 따라서 흘러 가기 때문에 항상적이지 않다는 것이다. 그러므로 음악이 어떻게 해서 인간 정신의 항상적 현재와 같이 작용하는가를 밝혀야 할 것이다. 앞에서 제시한 도서 목록 중에서 침머만은 '공 모양의 시간'을 설명할 때 후설의 『내적 시간의식의 현상학』과 하이데거의 『존재와 시간』의 주요 개념 중 하나인 '시숙(時熟, Zeitigung)'(다른 말로는 '시간화')이라는 개념을 종종 거론한다. 이 개념은 쉽게 말해서 현재를 살아가고 있는 개개인이 흐르는 시간 안에서 몸을 맡기고 수동적으로 실려서 가는 것이 아니라, 비판적인 사고 활동을 통한 능동적인 자기 발견을 의미한다.

먼저, 『음정과 시간』에 실린 몇몇 글에서 침머만은 후설의 시간론을 반복적으로 언급하면서 다른 시간층에서 일어난 사건들을 음악적으로 어떻게 배열할 것인지에 대한 문제를 다룬다. 그 골자는 과거와 현재, 현재와 미래의 계기적(시간의 선후 관계) 혹은 동시적인 관계야 말로 "시간의 질서"를 형성하기 때문에 각각의 음악적 사건(musical event or a series of sound, 구체적으로는 음향 혹은 소리를 가리킨다)을 계기적 혹은 동시적으로 구성하여 음악에서의 '공 모양의 시간' 형식을 이루게 하는 것이다. 이러한 시간의 질서로 구성된 음악 작품을 들을 때 듣는 이는 여러 가지 음악적 사건을 자신의 정신 활동을 통해서 눈 앞에 그려내는 현전화(現前化, Vergegenwärtigung), 즉 과거의 기억과 미래에 대한 기대를 현재에서 상상하는 것이 가능하며, 그로 인해 음악 작품은 '항상적 현재'(현재만이 지속되는 상태)로 표상될 수 있는 것이다.[24]

그러나 여기까지의 내용은 어디까지나 선적으로 흐르는 음악을 '공 모양의 시간'의 형태로 구성할 수 있는 가능성을 보여주는 이론일 뿐이다. 음악작품이 '항상적 현재'를 표상한다고 해서, 음악작품 자체가 비판성을 가지는 것은 아니다. 음악 자체가 추상적 성질을 가진 소리라는 매개를 통해 전달되기 때문에 음악작품이 비판성을 가진다는 것의 의미를 명확히 할 필요가 있다. '항상적 현재'가 '비판성'을 가지고 있다는 것을 보여주기 위해서, 침머만은 하이데거의 실존주의에 대한 사유를 참조했다고 추측해 볼 수 있다. 하이데거는 『존재와 시간』에서 남들의 사는 방식을 좇아가는 세상의 일반 사람들을 일컫는 '일상적 자기(the one)'에서 '실존하는 자기(Dasein)'로의 의식 전환이 필요하다는 것을 역설한다. 실존하는 자기는 자신과 타인의 고유함을 이해하고 그들이 세계와 어떻게 관계를 맺고 있는가에 대해 끊임없이 고민한다. 하이데거에게 있어서 실존하는 자기로의 의식 전환의 계기가 되는 것이 바로 종말론적 시점에서 미래로 자기를 '기투(Entwurf)'하는 것이다. 기투란 내일 해야 할 일을 기획하는 등 현재를 살고 있는 인간이 미래를 의식하고 과거와 현재를 되돌아 봄으로써 자신의 삶을 적극적으로 만들어 가는 실천행위를 말한다. 이렇듯 후설과 하이데거에 의한 살아 있는 존재의 의식 활동에 기반한 '시숙' 혹은 '시간화'라는 개념은 끊임없는 자기 성찰(self-questioning)과 비판적 사고로 연결되는 존재론적 시간인 것이다.

위의 내용을 정리해 보면, 침머만은 아우구스티누스의 시간론으로부터 인간 정신 안에서는 항상 현재의 시점으로 과거를 기억하고 미래를 기대한다는 '시간의 일체화'를, 후설의 현상학적 시간론으로부터 선적으로 흐르는 음악을 들을 때 청자가 자신의 정신활동을 통해서 음악적 내용을 재구성해야 한다는 점을, 그리고 하이데거의 시간론으로부터 죽음이라는 미래를 상상함으로써 현재를 더 충실하게 살아가야 한다는 내용을 자신의 '공 모양의 시간' 개념에 함축시켰다.

3. 문학의 '시공간의 열린 형식' 수용

음악작품에 있어서 음악적 사건의 계기적 혹은 동시적 구성이 인간 존재의 본래적인 모습으로
향해 가는 계기가 될 수 있다면, 거기에 인간 존재 및 사회에 대한 비판성이 인정될 수 있을 것이
다. 그러나 음악적 사건을 단순히 '시간의 질서'로서 구성한다는 것만으로는 본래적인 인간 존
재로의 시선과 사회를 향한 비판적 사고가 생기지는 않을 것이다. 침머만은 '공 모양의 시간'이
지닌 비판성이 음악적으로 구체적인 형태를 취할 수 있도록 하기 위해서 문학적 텍스트를 활용
한다. 그는 후기 작품에서 F. 도스토예프스키, K. 베이어, A. 카뮈, E. 파운드 등 수많은 문학자들
의 텍스트를 종종 차용하는데, 그 차용 방식에 있어서는 독자적인 '공 모양의 시간' 개념에 의거
하여 텍스트와 음악을 단편의 형태로 갑자기 등장시키거나 사라지게 하는 등 말그대로 콜라주
형식을 취한다. 침머만에게 이러한 수법은 시공간의 제약성을 초월하는 것으로 잠재의식을 구
체적으로 드러내는J. 조이스의 '의식의 흐름' 기법, 순간적인 찰나에 지적인 것과 감각적인 것의
복합체를 드러내는 파운드의 '이미지즘', 렌츠의 '시공간의 열린 형식' 등의 수법을 적극적으로
원용한 결과이다.[25] 이 세 가지의 문학적 기법과 형식은 듣는 이의 지각 활동, 즉 어떤 환경이나
대상에 의미를 부여하기 위한 선택, 구성, 해석화하는 과정에 영향을 주게 된다는 공통점을 가지
고 있다. 침머만이 이 기법들을 숙지하고 있었음은 『음정과 시간』의 곳곳에서 발견된다. 아래에
서는 〈병사들〉에 관련된 논고를 중심으로 침머만의 '시공간의 열린 형식'의 수용에 초점을 맞추
어 살펴보겠다.

　　침머만은 렌츠의 『군인들』의 줄거리에 렌츠의 문학이론으로부터 '시공간의 열린 형식'을
도입하여 〈병사들〉의 내용과 구성을 만들어 나간다. 등장인물들 사이에서 발생하는 여러 사건
들을 시간적, 공간적 흐름과 상관없이 전개하는 '시공간의 열린 형식'(혹은 '시공간의 자유 형식')
은 『군인들』이 완성되기 1년전인 1774년에 출간된 렌츠의 이론서 『연극각서』에서 처음으로 언
급된다. 침머만은 렌츠의 시공간에 대한 열린 형식을 한 편의 연극 안에서 시간, 장소, 행위가 하
나로 일치해야 한다는 고전적인 삼일치의 법칙의 포기로 보았고, 이는 이야기의 흐름이 과거, 현
재, 미래의 시간 순서를 따르지 않는 것을 허용하는 것이다.[26] 그는 렌츠의 '시공간의 열린 형식'
으로부터 '공 모양의 시간' 개념을 음악에 적용시키는 방법을 터득해 나간다.[27] 오페라 〈병사들〉
에서는 각각의 등장인물들이 가진 서사에 맞추어 10군데의 장소와 다른 시간층을 왔다 갔다 하

도록 구성되어 있다. 필자가 추천하는 DVD영상에서 오페라 제2막 2장을 예로 들어 보면, 한 무대 위에 베제너의 집, 슈톨치우스의 집, 아르망띠에르 마을과 카페, 병사들의 공간이 함께 설치되어 있다. 필요에 의해서 조명이나 카메라의 줌인을 사용하여 장면이 왔다 갔다 이동하기도 하며, 무대 위에 별도로 설치된 스크린에는 각각의 사건들과 관련된 다른 사건들 혹은 등장인물들의 기억이나 심리 상태가 투영되기도 한다.[28] 음악은 이러한 내용에 맞추어 다양한 템포, 리듬, 그리고 박자들로 쓰여졌으며, 이 곡에 사용되는 악기들은 무대 위, 오케스트라 피트, 관객, 리허설 룸 등 다양한 장소에 배치되고, 스피커 등을 활용하여 다양한 공간적 음향 효과를 구현하고 있다. 이러한 방식은 궁극적으로는 시각적 그리고 청각적으로 '공 모양의 시간'을 재현하기 위한 장치라고 볼 수 있는데, 이러한 장치들은 상당히 직접적으로 청취 체험에 영향을 주는 것들이다. "과거, 현재, 미래 사이를 자유롭게 왔다 갔다 하는 것"[29]을 가능하게 하는 '공 모양의 시간'이라는 원리에 따라 복수의 형태로 존재하는 여러 현재를 비연속적으로 배치하는 침머만의 시공간에 대한 수법은 다감각적 미적 체험을 극대화시킨다. 이러한 미적 체험은 청자의 능동적 사고에 직접적으로 관여하여 기호화(encoding)와 의미화(semanticize)를 촉진한다.

〈병사들〉의 경우 이러한 기호화 및 의미화가 집단기억과 역사라는 틀 안에서 이루어진다. 침머만은 '시공간의 열린 형식'을 통해서 독일 전후에 형성된 여러 복합된 사상들과 시대적 상황을 반영시킨다. 그는 다음과 같이 기술하고 있다.

> 나의 오페라는 어떤 특정한 이야기를 말하려고 하는 것이 아니라 상황을 묘사한다. 더 정확하게 말하면, 과거를 기록하면서 미래로부터 위협받는 상황을 보여준다. 이러한 점에서 18세기의 소재를 가지고 작업하는 것은 더 이상 쓸모가 없는 언어를 사용하여 시간을 초월한다는 의미를 가지고 있다. 오늘날의 관점에서 보면 우리가 지속적으로 회전하는 시간의 공 안에서 과거, 현재, 미래를 만나고 항상 그러한 시간의 차원에 끌려들어가는 한 시간을 초월한다는 의미를 가지게 되는 것이다.[30]

위의 인용문은 침머만이 '공 모양의 시간'을 통하여 도모하고자 했던 것 그리고 그가 작품을 통해서 궁극적으로 이루고자 했던 것이 듣는 이의 의식 활동을 통한 기호화 및 의미화에 있음을 시사한다. 또한 그 과정에 사용되는 오래되고 낡은 소재는 어떠한 구체적인 메세지를 담은 이야기를 하기 위해서가 아닌 "하나의 상황"을 그려내기 위한 것이라고 침머만은 말하고 있다. 그리고 이 "하나의 상황"이라는 것은 그저 완결된 작품을 제시하는 것으로써 자동적으로 읽혀지는 것이 아니라 청자가 "지속적으로 회전하는 시간의 공" 안에서 마주하는 여러 시간층을 자신 (음악을 듣고 있는 순간)과 타자(다른 층의 시간과 공간)를 관계시키는 능동적인 의식 활동을 통해서 드러나게 되는 것이다. 이러한 능동적인 의식 활동에서 오래되고 낡은 소재의 사용은 단순한 노스탤지어나 회상이 아닌 현재와 미래에 관련짓기라는 목적을 가진다. 이에 대해 그는 다음과 같이 말하고 있다. "미래는 위협적으로 과거에 뿌리를 두고 있으며, 현재의 모습을 제시한다. 결국 우리는 그러한 현재의 상을 마주하게 된다."[31] 오래되고 낡은 소재는 우리의 기억 속에서 상기되기를 기다리고 있는 기억의 단편이며, 그러한 단편들을 의식 속에서 재구성함으로써 기호화의 가능성이 열리게 된다. 여기서는 작품과 청자 사이에 이미 확립된 기호를 사용하여 특정 대상을 지시하는 것이 아니라 듣는 이가 음악을 들으면서 스스로 기호화해 나가는 과정이 중요하다.

4. '공 모양의 시간'과 비판성: '운명'의 기호화

낡고 오래된 하지만 친숙한 과거의 소재를 사용하여 미래를 예측하고 눈 앞에 그려냄으로써 자신의 의식을 깨우는 것이 바로 침머만의 '공 모양의 시간'의 핵심이다. 이를 앞서 언급한 하이데거의 '기투' 개념과 직접적으로 연결시켜서 생각해 볼 수 있다. 〈병사들〉에서 이 '기투' 개념은 '미래에 일어날 사건들(future affairs)'을 암시하는 하나의 기호로서 사용되고 있다. 엄밀히 말하면 아직 기호화되지는 않았지만 듣는 이의 의식의 재구성에 따라 기호화될 가능성이 있는 것이다.

예를 들어 '미래에 일어날 사건들'과 관련된 '운명(Schicksal)'은 〈병사들〉의 주요 테마 중 하나이다. 침머만은 〈병사들〉에서 "사회적 계급, 사회적 상황, 인간 사이의 운명적인 관계에 의해서 결정되는 것을 망라하는 전형적인 상황"을 통해서 '운명'을 그려내고 있다. 침머만이 운명에 대해서 말할 때는 어떤 구체적인 이야기나 특정 개별적인 운명을 말하려고 하는 것이 아니라 전형적이고 보편적인 상황을 묘사하기 위함이다. 그는 또한 그 전형적인 상황이라는 것을 "우리 인간이 모든 시대에서 직면할 수 있는, 그리고 벗어날 수 없는 사건에 노출되는 것"이라고 말하고 있다.[32] 그러므로 침머만의 작품에서 '운명'은 고전 오페라에서 흔히 볼 수 있는 어떤 신성한 것에 의해 지배되고 결정되어 있는 비극적인 '운명'과 다르게, 피할 수 있는 혹은 바뀔 수 있는 것이다.

〈병사들〉에서 이러한 개척 가능성을 가진 '운명'의 기호화 즉 '미래에 일어날 사건들'을 암시하는 기호의 역할을 수행하고 있는 것은 콜라주이다. 실제로 〈병사들〉에서의 이야기 전개 방식은 몇몇 불특정 군인들과 그들과 관계된 인물이 처한 상황들에 대한 이야기로 다소 비연속적으로 흐르며 음악은 이질적인 성격을 가진 음악적 단편의 병치라는 형태로 이루어진다. 앞서 이미 언급했듯이 작품 안에서 과거의 소재를 사용하는 것이 '회상'을 목적으로 하는 것이 아니라 과거에 있었던 사건들이 미래에도 일어날 수 있다는 경고인 것이다. 이러한 경고는 관객에게 다양한 감각적 자극을 줌으로써 의식을 고취시킨다.

구체적으로 〈병사들〉에서는 과거의 음악부터 12음기법과 전자음악 등 침머만의 동시대 음악의 단편들이 다양하게 인용되어 있다.[33] 여기서는 중세 그레고리오 성가와 바흐의 코랄과 같은 낡고 오래된 하지만 친숙한 과거의 소재 사용을 예로 들어 보겠다. 음악에서 종종 세계의 종말을 표상하는 〈디에스 이레〉(Dies irae)는 13세기 이후 수많은 작곡가들에 의해 인용되어 온 선율이다. 이 멜로디가 〈병사들〉에서도 반복적으로 인용이 되고 있다. 오페라의 첫번째 프렐류드에서 41개의 현악기가 〈디에스 이레〉에서 발췌한 세 개의 모티브(이하 [악보1]의 A, B, C)를 시간 간격을 두고 연주하도록 배치되어 있다[악보2]. 멜로디가 그대로 사용되기도 하지만 단편들의 순서를 바꾸거나, 선율을 이루고 있는 음표를 거꾸로 도치시키기도 하는 등 다양하게 변화를 주고 있다. 각각의 바이올린이 연주하는 선율을 따로 분리해서 들어보면 〈디에스 이레〉의 멜로디가 선명하게 들리지만, 사실 이 부분에서는 시간의 차이를 두고 등장하는 멜로디들이 동시에 연주되기 때문에 〈디에스 이레〉의 멜로디가 청각적으로 식별될 정도로 명확하게 들리지는 않는다. 그런데 단편 A와 단편 C의 도치로서 재등장하는 제2장 1막 '인터메조'에서는 〈디에스 이레〉의 단편들은 오르간 페달로 연주되기 때문에 멜로디가 아주 뚜렷하게 들린다[악보3]. 이 멜로디가 끝나자 마자 4개의 트럼펫이 바흐의 코랄 BWV667 〈오소서, 창조주 성령이시여〉(*Veni Creator Spiritus*)를 연주한다[악보4], [악보5]. 이 부분에서 침머만은 바흐의 멜로디와 리듬을 그대로 인용하지만, 원곡과 다른 박자와 악기 편성법으로 변화를 주고 있다.

악보 1. 중세 그레고리오 성가 〈디에스 이레〉(Dies irae)

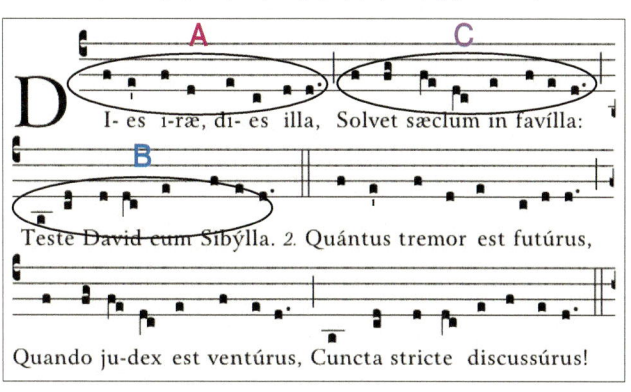

악보 2. 침머만의 〈병사들〉 프렐류드 제1바이올린 섹션, 마디 126-127

악보 3. 침머만의 〈병사들〉 제2장 1막 '인터메조' 오르간 버전, 마디 26-27

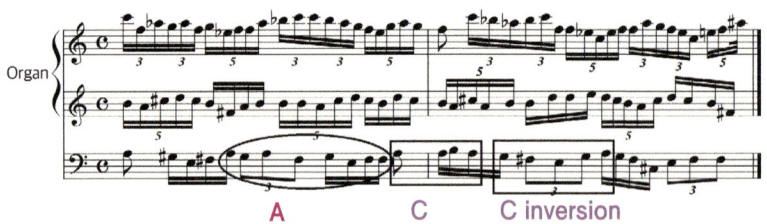

악보 4. 바흐의 코랄 BWV667 〈오소서, 창조주 성령이시여〉(*Veni Creator Spiritus*)

악보 5. 침머만의 〈병사들〉 제2장 1막 '인터메조' 트럼펫 섹션, 마디 33-39.

인용된 멜로디의 단편이 잘 들리느냐 그렇지 않느냐는 여기서 그렇게 중요하지 않다. 이 작품에서 콜라주는 오페라 관객이 음악을 접하고 스스로 기호화해 나가는 것을 돕는 역할을 할 뿐이다. 결과적으로 청자의 인식에 의해 다양한 해석이 가능하게 되는 것이다. 전통적으로 〈디에스 이레〉가 죽음이나 세계 종말을 상징하는 것과는 대조적으로 바흐의 코랄은 '구원'의 상징으로 이해되어 왔다. 이러한 의미에서 〈병사들〉에서의 〈디에스 이레〉와 바흐의 코랄의 병치는 전통적인 해석에 의거해서 구원을 통한 미래에 대한 희망으로도 해석될 수 있겠지만, 지금까지 논의한 침머만의 '공 모양의 시간'의 근간을 이루고 있는 사상적 배경을 감안한다면 〈디에스 이레〉가 세계의 종말을 알리는 역할로 끝난다기보다는 현재에서 충실한 삶을 살 것을 종용하는 것으로 이해될 수 있다는 점이다.

이 작품이 내용적 측면에서 사회 비판적인 내용을 담고 있다고 해석될 요소가 많음에도 불구하고, 침머만은 이 작품을 지나치게 노골적으로 특정한 내용을 가진 사회 비판과 결부시키는 것에 주의할 필요가 있음을 역설하기도 하였다. 그가 어떤 주의를 요했는지에 대해서는 여러 의견이 있을 수 있겠지만 그가 지금까지의 작품에서 다루어 온 주제가 어떤 특정 민족이나 나라에 대한 비판이 아닌 훨씬 더 넓은 개념의 휴머니즘 혹은 인류애적인 요소가 짙은 점은 동명의 흑인 영가를 모티브로 삼은 트럼펫 협주곡 〈내 겪은 고난 누가 알랴 〉(*Nobody Knows the Trouble I Have Seen*, 1954)에서 이미 예견된다. 이 작품에서 침머만이 시간에 대한 고찰과 노예 제도와 탄압에 대한 비판을 연계시켰다는 사실을 감안한다면 음악을 사회비판성 혹은 정치적 요소로부터 완전히 분리하여 생각했다고 단언하기 어렵다.[34] 단지 분명한 것은 어떤 특정 이데올로기나 이념을 지지하거나 옹호하기 위한 비판이 아니라 그러한 것들로부터 거리를 둔 무목적성이 강한 조금 더 포괄적인 비판일 수 있다는 것이다.

그는 "비판이란 과거와의 관계 뿐만 아니라 미래와도 관련이 있으며, 현재의 기준점이 되는 것이다"라고 말한다.[35] 이렇듯 그가 말하는 "비판"은 반드시 오페라의 가사가 전달하는 곳에 있다기보다는 비판적 사고를 촉진하는 소리에 있음이 분명하다. 언어의 의미와 해체를 시도한다고 알려진 콜라주라는 수법이 침머만의 작품에서 수행하는 역할은 언어 텍스트 및 음악 양식이 시사하는 여러 가지 역사적 문맥, 사건의 역사성을 탈 콘텍스트화 하고, 그것을 다시 청자의 '공 모양의 시간'이라는 의식 안에서 재구성 혹은 치환하는 것으로, 또한 인간 사회의 보편적인 문제를 지금의 문제로 받아 들이고 상상력을 발휘하여 눈 앞에 그려내는 지적 활동을 겨냥한 것으로 볼 수 있다. 이를 테면 음악작품에서 음악적 혹은 언어적 소재는 '공 모양의 시간' 안에서 새로운 의미를 부여해야 하는 성격을 가진 것이므로 작품의 수용자는 그 새로운 의미를 스스로 구축하여 파악해 나가야 하는 것이 요구된다. 이러한 것이 그의 콜라주가 내포하는 비판성의 본질로 이해될 수 있을 것이다. 이 비판적 사고는 작품의 수용자가 스스로 기르는 것이기 때문에 작품 자체는 비판적 사고를 발생시키는 촉매에 머무는 것이 된다. 바꾸어 말하면, 작품에서 제시된 것은 역사적 사실이나 현실을 투명하게 재현하는 것이 아니라 그러한 것들을 아우르는 인간의 보편적 상황으로 불리는 것이므로, 그것을 개별화하고 구체화 하는 것은 수용자에게 맡겨진다는 사실이다. 이렇듯 침머만의 콜라주 방식은 작곡가에 의한 닫힌 결말이 아닌 청자에게 요구되는 열린 결말의 가능성을 제시하고 있다. 과거와 역사를 되돌아 보고 다가올 미래를 그려볼 수 있는 틀을 제공하지만 구체적인 내용은 청자가 음악을 들으면서 재구성할 수 있도록 여지를 남겨두고 있는 것이다. 다시 말해 〈병사들〉은 역사의 어느 한 지점이라는 실제적 구체성을 가지지 않으므로 끊임없는 논쟁의 장을 열어준다고 볼 수 있다.

맺음말: 역사에 대한 다양한 태도

침머만의 오페라〈병사들〉에서 밝고 행복한 느낌이나 즐거움을 기대할 수는 없다. 그저 관객석에 앉아서 소리의 흐름에 몸을 맡겨서는 아무런 정서적 감흥을 받을 수 없을 것이다. 이 작품에 나타나는 내용의 잔인성과 '아름답지 않은 소리'들은 아도르노의 말을 빌리면 기존의 사회적 체제에 저항하는 '반봉건적'이고 '예술이 행하는 비판적인 자각의 일부'이다.[36] 쉽게 말해서 우리가 세계와 관계를 맺는 방식에 대해 생각하게 만드는 작품인 것이다.

침머만은 '공 모양의 시간'이라는 개념을 통해 우리가 세계와 관계를 맺을 수 있는 방식을 제공하였다. 그는 철학의 시간론으로부터 사회와 인간 존재에 대한 비판을 이론화하는 사상적 기반을 획득하고, 문학에서의 시공간론으로부터 그러한 사상적 기반을 실제 음악에 적용하기 위한 방법과 형식을 발전시켰다. 이렇게 확립된 침머만의 '공 모양의 시간'은 청각적, 시각적 자극을 통해서 듣는 이의 능동적, 비판적 사고를 활성화시키는 촉매의 역할을 수행하게 됨이 입증된다. 소리의 기호화 과정 혹은 의미 생성의 과정 안에서 시간은 그저 단순히 기억과 역사를 소환하는 것이 아니라, 지금 이곳에서 살고 있는 우리들의 문제로서 재인식될 것이다. 즉 음악을 듣는 청자는 선적인 시간에 따라 흐르는 음악에 피동적으로 반응하는 것이 아니라 능동적인 사고 활동을 통해서 과거와 미래에 적극적으로 관여한다. 〈병사들〉이 20세기 전후 오페라에서 중요한 작품인 이유는 이 작품이 내포하고 있는 시간의 다원성이 양식적 다원성을 넘어서 역사적 다원성을 창출해낸다는 점에 있다. 이것이 바로 침머만의 〈병사들〉이 지닌 미학적, 예술적 가치이며, 이러한 가치를 파악함으로써 이 작품을 더욱 깊게 이해할 수 있게 될 것이다.

©2013 EuroArts Music International GmbH. Photos

2012년 8월 잉고 메츠마허(Ingo Metzmacher)가 빈 필하모닉을 지휘하고 알비스 헤르마니스(Alvis Hermanis)가 연출한 오스트리아 잘츠부르크 페스티벌의 공연 실황을 담은 DVD이다. 이 페스티벌의 주요 테마는 인간 본성의 회복을 목적으로 하는 '영성(spirituality)'이었다. 이에 맞추어 페스티벌 기간 중 프로그램은 주로 유대교 음악을 포함한 종교음악 혹은 유대인 작곡가의 작품 등으로 편성되었다. 바흐, 모차르트, 하이든, 말러 등의 고전적인 음악과 함께 침머만의 〈병사들〉이 선정된 것은 참으로 고무적인 일이다.

출연진들은 현대 오페라 무대에서 풍부한 경험을 쌓아 온 오페라 가수들로 구성되었다. 주인공 마리 역은 힘있고 풍부한 음량을 가진 콜로라투라 소프라노 로라 에이킨(Laura Aikin)이 맡았으며, 특히 슈톨치우스 역을 맡은 토마스 코니에츠니(Tomasz Konieczny)는 이 작품 공연을 통해서 본인이 가진 음역보다 높은 음을 정복하는 등 바리톤의 음역을 새로 개척했다는 점에서 많은 찬사를 받았다. 그리고 탁월한 지크프리트 캐릭터 분석으로 정평이 나 있는 다니엘 브레나(Daniel Brenna)가 데포르테 역을 맡았다.

침머만의 〈병사들〉이 1965년 초연 이후에도 독일과 유럽 각지에서 정기적으로 공연되고 있음에도 불구하고 공연 영상물이 그다지 많지 않다는 것은 무척 아쉬운 일이다. 1989년 슈투트가르트 국립 오페라 극장 공연 DVD가 있기는 하지만 그조차 손에 넣는 일이 쉽지 않다. 운이 좋다면 독일에서 공연되는 유튜브 콘서트 라이브 스트림을 시청할 수 있으니 이 DVD와 비교하면서 시청해 볼 것을 추천한다. 그 이유는 특히 이 작품의 경우 무대 연출에 따라 작품의 분위기나 내용이 전혀 다르게 다가오기 때문이다. 〈병사들〉은 초연 당시부터 오페라의 내용과 취지에 맞추어 시간과 공간을 어떤 방식으로 표현해 낼 것인가 하는 것이 가장 큰 관건이었는데 그렇기 때문에 무대 연출 면에서 매우 도전적이었다. 침머만의 〈병사들〉에서는 상징적 제스처를 요구하는 경향이 있기 때문에 과거 인류사에서 일어났던 혹은 지금 일어나고 있는 그 어떤 전쟁이라도 배경으로 삼을 수 있으며, '공 모양의 시간'을 표현하기 위한 다양한 기술 활용이 가능하다. 2012년 공연 DVD에서는 헤르마니스는 제1차 세계대전을 배경으로 여러 개의 스크린에 등장인물들의 기억의 단편들을 투사하여 동시에 보여 주는 등 디지털 기술을 활용하여 침머만의 '공 모양의 시간'을 연출하였다. 이러한 시도는 종종 무대 제작에 어려움을 겪고 있는 현대 오페라에서 테크놀로지의 사용이 제공하는 여러 가능성을 보여주고 있다. 이를 계기로 언젠가는 〈병사들〉 공연에서 디지털 아트, VR, 인공지능 등을 적극적으로 활용한 무대 연출을 통해 침머만의 '공 모양의 시간'을 더욱 감각적이고 신비롭게 체험할 수 있는 날이 오기를 내심 기대해 본다.

참고문헌

강서희. "침머만의 오페라《군인들》에 반영된 음렬적 사고에 대한 연구." 한양대학교 박사학위논문, 2018.

임성훈. "공통 감각과 미적 소통 ─ 칸트 미학을 중심으로 ─."『인문논총』66 (2011): 7-32.

佐々木健一.『美学への招待』、東京：中央公論新社、2004.

田之頭一知.「アウグスティヌス『告白』における時間の概念──心の現在的な広がりとしての時間をめぐって──」、『芸術』39号 (2016): 63-74.

曹有敬.「B・A・ツィンマーマンの時間哲学の再考──哲学、文学、音楽の結節点に注目して──」、『美学』73巻2号（2022）：85-97.

_____.「20世紀音楽における引用及びコラージュのポエティクスとポリティクス──1960年代〜70年代の理論と実践の諸相」、東京大学大学院博士論文、2024.

津田克巳.「レンツ『軍人たち』の最終場面について」、『独逸文学』26巻（1982）、1-19.

宮原勇.「フッサール初期時間論の基礎概念とアポリア(1)」、『名古屋大学文学部研究論集』哲学61 (2015): 45-73.

渡辺裕.『聴衆の誕生──ポスト・モダン時代の音楽文化』、東京：中央公論新社、2012.

Adorno, T. W.『미학 이론』. 홍승용 역. 서울: 문학과지성, 2010.

Augustine, Saint. *Confessions*. Translated by Henry Chadwick. New York: Oxford University Press, 2008.

Bloch, Ernst. *Das Prinzip Hoffnung*. In: Ernst Bloch Gesamtausgabe, Band 5. Frankfurt am Main: Schrkamp Verlag, 1959.

Konold, Wulf. Bernd Alois Zimmermann: Der Komponist und sein Werk. Köln: DuMont, 1986.

Rosenkranz, Johann Karl Friedrich.『추의 미학』. 조경식 역. 나남출판사, 2017.

Schott Schöne. Brief (mit Attachment) an Bernd Alois Zimmermann (9. 2. 1960). In Bernd Alois Zimmermann Archive: Korrespondenz. Berlin Akademie der Künste 소장.

Zimmermann, Bernd Alois. Intervall und Zeit. Mainz: Schott, 1974.

_____. Brief an Schneider-Schott (28. 2. 1960). In Bernd Alois Zimmermann Archive: Korrespondenz. Berlin Akademie der Künste 소장.

_____. Brief an Karlheinz Stockhausen (14. 3. 1958). In Bernd Alois Zimmermann: Dokumente zu Leben und Werk. Herausgegeben von Klaus Ebbeke. Berlin: Akademie der Künste, 1989: 61-62.

https://bachtrack.com/review-soldaten-hannigan-petrenko-munich-october-2014 [2024년12월 30일 접속].

악보

Bernd Alois Zimmermann. Die Soldaten. Mainz: Schott Musik GmbH & Co., 1975.

DVD

Zimmermann, Bernd Alois. Die Soldaten. Wiener Philharmoniker, conducted by Ingo Metzmacher, staged by Alvis Hermanis, recorded at Salzburg Festival August 2012, Unitel Classica, 2012, DVD.

미주

1. 한국과 일본 등 한자어에 의존하는 나라에서는 'Die Soldaten'을 '병사들' 혹은 '군인들'로 그때마다 다르게 번역하고 있다. 본고에서는 침머만의 오페라를 〈병사들〉로, 렌츠의 희곡을 『군인들』로 번역하기로 한다. 두 작품 모두의 원제가 'Die Soldaten'으로 작품명을 통일시키면 더할 나위 없이 좋겠지만, 필자는 여러 고민 끝에 '군대'나 '군인'의 개념이 시대를 거치면서 변해 온 것에 착목하여 침머만의 오페라를 〈병사들〉로 번역하기로 하였다. '군인'을 역으로 번역하면 'military personnel (영), Berufssoldat (독)'으로 번역되는데 이는 일반적으로 직업군인을 뜻하며, 모든 계급의 군인을 부르는 총칭이다. 현재는 군인 장교들을 일컫는다. 반면, '병사'는 'soldier (영), Soldat (독)'으로 번역되는데 이는 계급적인 구분으로는 하사관 밑의 군인들을 지칭하지만, 전쟁을 위해 훈련을 받고 전쟁에 투입되는 병사들을 가리킨다는 점에서 침머만의 오페라의 내용과 취지에 적합하다고 판단했기 때문이다. 게다가 'Die Soldaten'이 복수형이어서 집단의 의미가 강하기 때문에 몇몇 귀족 장교들보다는 병사 집단 전체를 지칭한다고 볼 수도 있다. 이에 대해서 의견이 분분할 수도 있겠으나, 본고에서는 'Die Soldaten'의 개념의 변화 그리고 침머만이 렌츠의 희곡을 그대로 사용하지 않고 등장인물들의 계급 군인이 아닌 전쟁에 동원된 병사들에 초점을 두어 극 전체를 수정한 점에 중점을 두어 이를 구별해서 사용하고자 한다.

2. Ilana Walder-Biesanz, https://bachtrack.com/review-soldaten-hannigan-petrenko-munich-october-2014 [2024년 12월 30일 접속].

3. 본고는 필자가 2022년 일본미학회 학술지 『미학』에 게재한 논문 "B. A. 침머만의 시간철학의 재고찰: 철학, 문학, 음악의 결절점에 주목하여"(원문: 일본어)를 가필, 수정하여 재구성한 것임을 밝힌다. 이 연구는 마쓰시타 코노스케 기념지재단(松下幸之助記念志財団)의 연구조성과 일본학술진흥연구회 과학연구비(JSPS KAKENHI JP24KJ1030)의 지원을 받아 수행되었다.

4. 요한 카를 프리드리히 로젠크란츠, 『추의 미학』, 조경식 역 (나남출판사, 2017), 66.

5. 로젠크란츠, 『추의 미학』, 조경식 역 (나남출판사, 2017), 68, 70-71.

6. 블로흐는 『희망의 원리』에서 음악이 참여와 행동을 촉구하는 소리를 가지고 있기 때문에 인간성의 회복과 관련있다고 규정하고 있다. 블로흐의 말을 빌리면 각 시대의 음악의 형식(여기서의 형식은 소리 그자체를 의미한다)은 주어진 시대정신을 반영하는 것이다. 현대의 음악은 성취되지 않은 삶 속에서 현대인의 불만족이나 슬픔의 표출로 이해된다. 또한 아도르노는 『미학 이론』에서 베케트의 극을 둘러싼 불쾌함의 반복으로 표현되는 어둠의 이미지를 유토피아를 대체하는 예술의 부정성과 연관시켰다. 즉 현대 예술의 "검고 우중충한 측면"은 "가능한 것을 몰아낸 현실에 반대하는, 그 가능

한 것에 대한 기억"임을 주장하였다(T. W. 아도르노, 『미학 이론』, 홍승용 역(문학과지성사, 2010), 82-83, 217). 이 두 철학자는 각각 신학적 입장과 사회학적 입장, 그리고 마르크스주의 수용면에서 견해에 차이를 보이는 반면, 독일 관념론적 미학이라는 근본적인 시각에서 현대음악에 나타나는 불협화음적 소리를 미의 카테고리에 넣어 긍정적으로 이해하고 있다는 공통점을 보인다.

7. 공통 감각에 대해서는 임성훈, "공통 감각과 미적 소통 — 칸트 미학을 중심으로 —,"『인문논총』66 (2011), 7-32를 참조.

8. 이를 뒷받침할 예는 무수히 많지만 음악 교육자로 활동했던 필자의 미국에서의 개인적인 경험을 예로 들어 보겠다. 당시 필자는 음악 교육 커리큘럼에 20세기 작품을 다양하게 포함시킨 적이 있었다. 주로 20세기 현대음악 작품을 둘러싼 연주, 해석, 이론분석, 역사적인 배경 지식을 지도하였는데, 이러한 교육환경에 다년간 노출된 학생들은 놀랍게도 점차적으로 현대음악에 대해 상당한 친밀감과 관심을 보였다.

9. 이러한 견해는 일본의 음악학자, 미학자들에 의해 종종 제기되어 왔다. 와타나베 히로시, 『청중의 탄생: 포스트모던 시대의 음악문화』(도쿄: 중앙공론신사, 2012), 원문: 渡辺裕, 『聴衆の誕生──ポスト・モダン時代の音楽文化』(東京 : 中央公論新社, 2012) ; 사사키 겡이치, 『미학으로의 초대』(도쿄: 중앙공론신사, 2004), 원문: 佐々木健一、『美学への招待』(東京 : 中央公論新社、2004)

10. '공 모양의 시간'이라는 한국어 번역어는 강서희의 박사 논문에서 제시된 표기를 따랐다(강서희, "침머만의 오페라《군인들》에 반영된 음렬적 사고에 대한 연구," 한양대학교 박사학위논문, 2018년).

11. 조유경, "20세기 음악에서의 인용 및 콜라주의 시학과 정치학: 1960년대-70년대의 이론과 실천의 양상들," 도쿄대학교 박사논문(2024년 3월), 1-324.

12. 유대인 작곡가들의 작품뿐만 아니라, 독일 낭만주의에 반하는 음악으로서 모더니즘 음악 역시 퇴폐음악으로 간주되었다.

13. 이 작품에 대한 작품 구조나 악식에 대한 상세한 정보를 원하는 독자는 강서희의 박사논문을 참고하기를 권한다.

14. 만년의 침머만은 타 작곡가의 음렬을 기호 혹은 암호로 사용하기 위해서 자신의 곡에 인용하는 경우가 종종 있었다. 이는 동시대의 순수 음렬주의자들의 창작법과 확연히 구별된다.

15. 이 작품 타이틀에는 '희극(Komödie)'이라고 이름이 붙여져 있지만 실제 내용은 희비극이나 비극에 가깝다.

16. 카츠미 츠다, "렌츠의 『군인들』의 마지막 장면에 대하여,"『독일문학』제26권 (1982), 1-19. 원문: 津田克巳,「レンツ『軍人たち』の最終場面について」,『独逸文学』26巻 (1982)、1-19.

17. 츠다, "렌츠의 『군인들』의 마지막 장면에 대하여," 13-14.

18. Schott Schöne. Brief (mit Attachment) an Bernd Alois Zimmermann (9. 2. 1960), in Bernd Alois Zimmermann Archive: Korrespondenz, Berlin Akademie der Künste소장; Bernd Alois Zimmermann, Brief an Schneider-Schott (28. 2. 1960), in Bernd Alois Zimmermann Archive: Korrespondenz, Berlin Akademie der Künste소장.

19. 리게티의 오페라 《위대한 죽음》(1974-1977)에서도 '어제, 오늘 그리고 내일'이라는 시간이 설정되어 있다. 이는 이 세대의 작곡가들이 가진 시간에 대한 공통 의식을 단적으로 보여주는 일례이다.

20. Bernd Alois Zimmermann, Brief an Karlheinz Stockhausen (14. 3. 1958), in *Bernd Alois Zimmermann: Dokumente zu Leben und Werk*, herausgegeben von Klaus Ebbeke (Berlin: Akademie der Künste, 1989), 61-62.

21. Zimmermann, Brief an Karlheinz Stockhausen (14. 3. 1958),, 61.

22. Bernd Alois Zimmermann, „Intervall und Zeit," in *Intervall und Zeit* (Mainz: Schott, 1974), 11-12.

23. St. Augustine, *Confessions*, trans. Henry Chadwick (New York: Oxford University Press, 2008).

24. 조유경, "B. A. 침머만의 시간철학의 재고찰: 철학, 문학, 음악의 결절점에 주목하여," 『미학』73/2 (2022), 88.

25. 조유경, "B. A. 침머만의 시간철학의 재고찰: 철학, 문학, 음악의 결절점에 주목하여," 89-90.

26. B. A. Zimmermann, „Zu den »Soldaten«," in *Intervall und Zeit* (Mainz: Schott, 1974), 96.

27. Zimmermann, „Zu den »Soldaten«," 96.

28. 추천 DVD 참조.

29. Zimmermann, „Zu den »Soldaten«," 97.

30. Zimmermann, , „Zu den »Soldaten«," 97.

31. Zimmermann, , „Zu den »Soldaten«," 97.

32. B. A. Zimmermann, „Drei Szenen aus der Oper »Die Soldaten«," in *Intervall und Zeit* (Mainz: Schott, 1974), 93.

33. 20세기 중반에 등장한 음악적 콜라주와 인용기법의 차이와 특성에 대해서는 필자의 박사학위논문 제1장 참고.

34. Zimmermann, *Intervall und Zeit*, S. 91.

35. B. A. Zimmermann, „Drei Szenen aus der Oper »Die Soldaten«," in *Intervall und Zeit* (Mainz: Schott, 1974), 93.

36. 아도르노, 『미학 이론』, 86-89.

제7장

삶과 종교적 텍스트가 만나는 지점
박영희의 〈길 위의 천국〉(2021)

글 · 이민희

〈작품 정보〉

작곡: 박영희(Younghi Pagh-Paan, 1945-)

대본: 류한영, 고연옥

초연: 2021년 11월 12-13일 청주 예술의전당

작품 배경: 1839년부터 1861년까지, 고군산도 및 조선의 5개 도의 심산유곡

구성: 2막 11장

삶과 종교적 텍스트가 만나는 지점
박영희의 〈길 위의 천국〉(2021)

글 · 이민희

오페라 〈길 위의 천국〉은 최양업 토마스 신부(1821-1861)의 일대기를 다룬 오페라로 박영희(Younghi Pagh-Paan, 1945-)가 작곡을, 류한영과 고연옥이 대본을 썼다. 1821년 충남 청양에서 태어나 1848년 서품된 최양업은 한국 천주교회의 첫 번째 신학생이자 두 번째 사제로, 한국 천주교회사의 가장 중요한 인물 중 하나다. 최양업 신부는 12년에 이르는 전교활동 기간에 조선 각지에 퍼져있는 교우촌을 순방하고 복음을 전했으며 이 때문에 '땀의 순교자'라는 별명으로 불린다.[1] 특히 많은 라틴어 서한을 남긴 것은 물론 번역 및 저술을 통해 당대 천주교인의 상황과 순교사를 많은 이들이 알 수 있게 한 인물이다.

〈길 위의 천국〉은 2021년 최양업 신부 탄생 200주년을 기념해 11월 12-13일 청주 예술의 전당에서 초연되었고 이어 서울 예술의전당에서도 관객을 만났다. 이 공연을 기점으로 국내에서는 최양업 신부와 박영희 작곡가에 대한 대중적인 관심이 높아지기도 했다. 당시 극장에 모인 음악애호가들은 최양업 신부라는 인물을 접하고 깊은 감동을 느꼈으며, 천주교인들은 다소 낯선 박영희의 음악을 듣고 신선한 충격을 받았다.

주목할 점은 최양업 신부를 다룬 이 종교적 내용의 오페라가 작곡가 박영희의 삶과 독특한 방식으로 연결되어 있다는 점이다. 일차적으로는 박영희 작곡가가 독실한 천주교 신자라는 점에서 그 연결고리를 찾을 수 있다. 하지만 둘의 연결은 여기에서 그치지 않는다. 박영희가 지금까지 걸어온 여성으로서의 길, 외지에서 타자로서 자신의 삶을 개척했고 잘 알려지지 않은 인물과 소재에 주목했던 점, 그리고 민중에 대한 관심까지, 박영희를 관통하는 다채로운 토픽들과 음악적 경향이 최양업 신부를 다룬 오페라 〈길 위의 천국〉과 공명하는 것이다.

이에 본 글은 오페라 〈길 위의 천국〉의 서사 및 소재를 자세하게 조망하고 이것이 박영희의 삶 및 작품 세계와 어떻게 연결되어 나타나는지 확인해 보고자 한다. 대부분의 접근은 〈길 위의 천국〉의 서사적 측면을 중심으로 하되, 몇몇 주요한 음악이 함께 소개될 것이다. 이를 통해

〈길 위의 천국〉이라는 독특한 소재의 오페라가 박영희 자신의 삶과 종교, 그리고 더 나아가서는 음악적 흐름이 교차되는 지점에 놓여 있는 복합적인 텍스트라는 점을 확인해 보고자 한다.

1. 박영희와 종교

유럽에서의 활동에 비해 국내에는 비교적 그 이름이 덜 알려진 작곡가 박영희는 1945년 청주에서 태어났다. 박영희는 아버지의 퉁소 소리를 들으며 자랐고 거리에서 해금 연주나 농악, 굿 등을 접하며 어린 시절을 보냈다. 언니의 도움을 받아 독학으로 작곡을 공부한 이후에는 서울로 유학을 가 서울대학교 작곡과에 진학한다. 박영희는 서울대에서 서양의 음악이론은 물론 가야금과 같은 국악기를 배웠으며 대학원 과정까지 마친다. 다만 이 시기의 곡 중에서 박영희가 나중에 작품 목록에 남겨둔 것은 〈파문〉(1971)이 유일하다.

박영희 인생의 전환점은 1974년 독일학술교류재단(DAAD)의 장학금을 받고 독일 유학을 떠난 것이다. 그렇게 박영희는 독일 프라이부르크 국립음악대학교에서 유학 생활을 시작한다. 그리고 불과 3년 후인 1977년, 클라리넷과 스트링 트리오를 위한 〈만남〉으로 보스빌 국제작곡가세미나에서 1등 상을 수상했으며, 1980년에는 대편성 오케스트라를 위한 〈소리〉가 도나우에 싱엔 현대음악제의 위촉작품으로 초연된다. 고국을 떠난 지 7년 만에 현대음악계에 화려하게 데뷔한 셈이다. 그의 음악은 대체로 아방가르드하고 실험적인 작품으로 분류되며, 작품 자체가 굉장히 복잡한 인상을 준다. 헤테로포니 짜임새를 기반으로 하는 선적인 흐름과 그가 정립한 '모계화음' 체계도 독특하다. 그러나 이러한 외적인 난해함에도 불구하고 그의 음악은 청각적 측면에서 청중을 강하게 몰입시키는 힘이 있다. 특히 박영희는 동양의 전통적인 음악 요소를 독특한 방식으로 재해석하여 독자적인 음악 세계를 창출했고 다양한 철학적·사상적 이론을 바탕으로 그의 음악에 깊이를 더했다.

이러한 박영희의 음악적 궤적 안에서 주목할 만한 것은 그가 종교적인 곡을 쓰는 경우가 잦다는 점이다. 그리고 이러한 작업들은 놀랍게도 도교나 무속, 기독교 등 여러 가지 종교를 넘나들며 나타난다. 이 때문에 일부 학자는 박영희가 다양한 영적 전통을 통합하는 혼합적 종교성(syncretistic religiosity)을 보여준다고 서술하기도 한다.[2] 이를테면 4개의 타악기와 전자음향을 위한 〈지신굿〉(1992)은 '굿'이라는 한국의 전통 무속을 소재로 하지만, 〈당신 빛으로 저희는 빛을 봅니다: 빛〉(2015)에서는 성경의 시편과 함께 노자의 도덕경에서 발췌한 텍스트를 사용한다.[3] 박영희 작품의 종교성은 서로 다른 문화를 풍부하게 조망하고 넘나들며, 겉으로 보기에 멀리 떨어진 개념들 사이의 공통점을 발견하고 이를 음악적 창조로 통합하는 모습을 보여주는 것이다.

다만 박영희의 모든 작업을 관통하여 항상 그 중심에 버티고 있는 것은 기독교 신앙이다. 박영희는 1974년 독일로 유학을 떠나기 전 가족 중 마지막으로 가톨릭 세례(세례명 소피아)를 받았다.[4] 그리고 이러한 신앙인으로서의 정체성은 그가 고국을 떠나 생활할 때 그의 삶에 큰 부분으로 작동했다. 따라서 학자들이 박영희를 두고 '열정적인 가톨릭 신앙'을 보여준다고 언급하는 것은 놀라운 일이 아니다.[5] 특히 노년에 접어든 박영희의 최근 작품 안에서는 기독교적인 주제가 눈에 띄게 많아졌으며 이러한 기독교 테마의 증가는 '최양업 신부'와 연관되어 있다.

예컨대 박영희는 2006년 최양업 신부의 서한을 접하고 난 후 이를 직접적으로 반영한 기독교적 색채의 작품을 다수 쓰기 시작했다. 이를테면 테너 독주와 관현악단을 위한 〈빛 속에서 살아가면〉(2007)은 아마도 박영희가 쓴 첫 번째 본격적인 종교작품으로서[6] 최양업 신부의 서한을 텍스트로 활용한 것이다. 무반주 합창곡 〈주여 보소서, 우리의 비탄을 보소서〉(2007)[7]도 마찬가지로 최양업 신부의 서한을 음악화했다. 무반주 합창을 위한 〈주님, 당신의 자비를 기억하소서〉(2009)는 최양업 신부의 사제서품 160주년을 기념하는 음악이며,[8] 오르간 독주곡 〈별빛 아래서〉(2009)는 "박해를 피하여 […] 깊은 밤중에, 달빛과 별빛 아래에서" 걸었을 최양업 신부의 모습을 상상하며 지은 곡[9]이다. 이외에도 피아노 독주를 위한 〈목 마르다〉(2008)[10] 및 현악4중주 〈수평선 위의 바다〉(2017)도 기독교적 요소를 포함한다. 그리고 이러한 흐름의 가장 중요한 작업으로 최양업 신부의 일대기를 그린 오페라 〈길 위의 천국〉이 2021년 초연되기에 이른다.

박영희는 최양업 신부가 1846년에 작성한 서한 "하느님의 풍부한 자비심에 희망을 갖고, 지극히 좋으신 하느님 아버지의 섭리에 저를 온전히 맡깁니다"를 읽고 깊은 감명을 받았다. 그리고 이것이 계기가 되어 오페라 작곡에 착수했다고 밝힌 바 있다.[11] 박영희는 최양업 신부를 두고 "예수님이 걸으신 겸손의 길을 그대로 따라가신 분"이며 〈길 위의 천국〉을 작곡할 당시 "[…서한집을] 많이 읽고, 오선지를 펼치면 작곡 일에만 몰두"했으며 "최양업 신부님께서 21세기에 어떤 '소리'를 즐겨 부르셨을까 생각하며 사향가와 천주가사를 4·4조에 따라 큰소리로 낭송"하며 작업을 진행했다고 이야기한 바 있다.[12]

그렇게 4년 여의 시간을 작곡에 몰두한 끝에 박영희의 나이 일흔일곱에 오페라 〈길 위의 천국〉이 관객을 만나게 된다. 오페라 초연 당시 인터뷰에서는 "15년 전에 [최양업 신부의] 이 서한집을 받아서 읽으면서 제일 처음 느낀 것은 ―나는 이 신부님을 너무너무 사랑합니다― 였어요."라며 "음악을 바쳐서 내 사랑을 돌려드리겠다고 그렇게 결심했어요."라고 말했다.[13] 〈길 위의 천국〉은 최양업 신부의 서한에 몰두하며 노년의 자신을 채찍질하여 긴 시간 작곡한 작품인 것이다. 아마도 그 작곡의 여정 자체가 종교적인 의지와 정신적인 집중력 없이는 쉬이 전개되기

그림 7. 그리스도의 죽음에 비견되는 루크레티아의 죽음 (01:49:29)

어려웠을 것이다.

극에 등장하는 모든 음악들은 박영희의 작품세계를 오롯이 반영하고 있으며, 박영희의 작품세계를 거대한 '오페라'라는 형식으로 구현한다. 다채로운 노래들이 각기 다른 형태로 박영희의 음악어법을 들려주지만, 그 중에서도 특히 독창으로 자주 등장하는 최양업 신부의 노래들은 박영희 특유의 선율을 음미하기에 제격이다. 이를테면 아래 [악보 1]은 최양업 신부가 조선땅에 들어가기를 시도하며 부르는 노래로, 베이스 클라리넷 한 대가 동반되는 형태다. 표면적으로 보았을 때 하행 도약 선율이 빈번히 보이는데, 이 선율들은 장6도, 완전4도, 감5도, 감4도, 장3도 등의 다채로운 음정으로 구성되었다. E♭음과 B♭음이 강조되어 있지만, 마디 72–79까지 G음을 제외한 11개의 반음이 모두 사용되어 조성감을 느끼기는 쉽지 않다. 특히 아래의 [악보 1]에서는 베이스 클라리넷이 선율을 따라가듯 독특한 형태의 헤테로포니를 들려주는데, 이와 같은 악기와 성악성부의 결합은 이 오페라의 기본 세팅이도 하다. 성부가 많아지든 혹은 독창으로 등장하든, 관악기들은 성악성부를 한성부씩 짝지어 중복하는 것이 많다.

박영희가 작품을 통해 본인의 작품세계와 최양업 신부라는 인물, 그리고 천주교의 박해사를 그려내고자 했다는 것은 분명하다. 하지만 여든을 바라보는 박영희의 인생을 관통하는 기독

악보 1. 5장 중 마디 72-79 (베이스 클라리넷은 실음 기보)

교 신앙은 〈길 위의 천국〉을 착수한 그 시점에서부터 마치 수도 생활과도 같았을 작곡 과정 전체에 반영되어 있을 수밖에 없었음을 조심스럽게 추측해 본다. 박영희의 신앙적인 삶 자체가 오페라 〈길 위의 천국〉이라는 단단한 작품으로 재탄생한 것이다.

2. 서한을 바탕으로 한 〈길 위의 천국〉의 대본

최양업 신부는 12년 간 다양한 기록을 행했는데 이 과정에서 라틴어로 된 서한을 총 21통 남겼다. 서한에는 사목활동과 천주교회의 사정, 조선 정부와 조선 사회에 대한 비판적 인식, 1839년 순교한 신부의 부모님 및 최해성 요한 순교자의 간략한 전기가 포함되어 있다.[14] 〈길 위의 천국〉은 최양업 신부가 그의 스승인 파리외방전교회 마카오 교구의 르그레즈와 신부와 리브와 신부에게 보냈던 19개의 서한을 모은 '최양업 토마스 신부의 서한집'을 바탕으로 한 작품이다. 최양업 신부의 연구자인 류한영 신부가 "작품의 무게중심을 설계"하였고, 작가 고연옥이 대본으로 참여했다.[15]

　〈길 위의 천국〉 대본의 표지에는 "우리가 분노의 그릇이 되지 말고 하느님 자비의 자녀들이 되기를 바랍니다. 마침내 언젠가는 천국에서 만나뵙게 될 하느님 아버지를 이 세상에서도 뵙게 되기를 바랍니다."라는 최양업 신부의 열 번째 서한이 적혀있다. 다른 부분에도 최양업 신부의 서한이 곳곳에 삽입되어 있다.

그림 2. 배티성지에 세워진 최양업 신부 동상

그림 3. 배티성지에 있는 최양업 신부의 사제관 터

오페라는 2막 11장 구성이다. '여명'이라는 이름이 붙은 서주에는 아직 어린 최양업 신부가 등장한다. 신부가 되기 위해 유학을 떠나는 아들을 배웅하며 최 신부의 아버지인 최경환과 어머니인 이성례, 그리고 동생들이 등장한다. 최경환은 "너를 위하여 기도하며 기다리고 있을 많은 신자들이 항상 너와 함께 있음을 잊지 말"라고 당부하며 소년 최양업은 아버지와 어머니에게 "우리 다시 만날 수 있겠지요. 이것이 마지막은 아니겠지요"라고 말한다. 어머니는 길을 떠나는 아들에게 "다시 만나야지. 우리에게 이별은 없단다"라고 이야기한다.

2장 '세 명의 신학생들'에서는 유학길에 오른 소년 최방제, 소년 김대건, 소년 최양업이 등장한다. 이들은 "이제 지친 몸 편히 쉬소서, 당신의 희생을 따르며 착한 목자 되고자 엎드려 작별 인사 드리니, 먼길 떠나는 저희를 축복하소서, 저희의 앞길을 인도하소서"라고 노래한다. 3장 '어머니 이성례 마리아와 막내 아기 스테파노'는 최양업의 어머니가 아직은 어린 아들을 데리고 천주교 신자로서 수모를 당하는 장면이 그려진다. 4장 '포교지로 향하는 험난한 여정'에서는 해설자가 등장해 최양업 신부가 귀국하기 전의 상황을 이야기한다. 최양업 신부 이전에도 외국인 신부가 먼저 조선 땅에 들어왔으나 1839년 기해박해 등의 상황에서 모두 순교했고 김대건 신부 역시 1846년에 순교했다. 따라서 조선의 천주교 신자들은 최양업 신부를 애타게 기다리고 있던 터였다.

5장 '함선 위에서'에서는 최양업 신부가 폭풍우가 치는 배 위에 서 있다. 사제서품을 마쳤으나 고국으로 들어가는 것이 힘든 상황이다. 6장 '조선 입국과 다시 만나는 기쁨'에서는 드디어 역경을 뚫고 조선 땅을 밟는 것에 성공한 최양업 신부의 이야기가 그려지며, 7장 '교우촌을 방문하는 목자'에서는 가난하게 살고 있는 천주교인의 집단 거주지가 등장하고 여기에 최양업 신부가 방문한다. 조선 사람들은 천주교인이 동굴 같은 곳에 모여 산다고 천대하지만 그 안에 거하는 이들은 믿음으로 뭉쳐있기에 이런 시선에는 아랑곳하지 않는다. 8장 '바르바라와 그 어머니'에서는 양반집 처자인 18살 바르바라가 나온다. 바르바라는 결혼을 거부하고 천주교를 믿으며 최양업 신부를 기다리고 있다.

그림 4. 2장 '세 명의 신학생들' 중 최양업 신부의 모습

9장 '최경환의 신앙고백'에서는 시간을 거슬러 올라가 1839년의 기해박해가 그려진다. 최양업 신부의 아버지인 최경환을 괴롭히는 포졸과 구경꾼, 판관 등이 등장하며, 9장 '십자가에 달리신 그리스도'에서는 최경환이 '아버지 저들을 용서해 주십시오'라고 말하며 죽음을 맞이한다. 10장 '교우들의 삶'에서는 다시 1859년의 안곡 교우촌과 이곳을 둘러보는 최양업 신부가 나온다. 이제 천주교가 조선 땅에 퍼져 양반들도 천주교인이 된 것을 볼 수 있다. 마지막 11장 '길 위의 천국'은 1861년 6월 초 여름 산간 벽지의 가난한 시골이 배경이다. 극은 사람들의 일상에 천주교가 퍼진 모습을 보여준다. 그렇게 마지막 노래인 '미세레레 노비스'를 합창으로 부르며 극이 막을 내린다.[16]

〈길 위의 천국〉은 일반적인 오페라에서 볼 수 있는 기승전결의 서사를 보여주지는 않는다. 또한 소년 최양업의 노래가사인 "이제 지친 몸 편시 쉬소서, 당신의 희생을 따르며 착한 목자 되고자 엎드려 작별 인사 드리니, 먼길 떠나는 저희를 축복하소서, 저희의 앞길을 인도하소서" 등에서 볼 수 있듯 지극히 종교적인 텍스트를 직접적으로 전달한다. 그럼에도 극 안에서는 여러

차례 천주교도에 대한 박해와 그들의 죽음이 다뤄지기 때문에, 무대극이 갖는 극적인 분위기와 강렬한 표현성이 존재하는 것도 사실이다.

작품의 제목이 "길'위의 천국"인 것은 최양업 신부가 유학 생활에서 그리고 조선 땅에 들어와서 긴 여정을 걷고 또 걸었음을 암시한다. 이러한 '길'에 대해 대본을 쓴 고연옥은 최양업 신부의 '길'이 크게 둘로 나뉜다고 언급한다. 사제서품을 받고 고국으로 돌아가기 위해 7년에 이르는 긴 시간 동안 노력했던 것이 첫 번째 길이며, 귀국한 이후 조선의 5개도 127개 교우촌을 다니기 위해 걸어 다닌 길이 두 번째 길이다. 이러한 작가의 언급처럼 오페라 안에는 최양업 신부의 고국으로 돌아가기 위한 여정이 자세하게 묘사되며, 귀국 이후에 교우촌을 찾아다니며 여러 신자를 만나는 과정이 등장한다. 실제 최양업 신부는 매해 7천 리를 걷는 여정을 12년 동안 행했다.

고연옥은 최양업 신부가 이처럼 길을 떠나는 여정을 계속한 이유가 최양업 신부를 괴롭혔던 가족의 박해 때문이었다고 지적한다. 1839년 조선에서 벌어진 기해박해에서 최양업 신부의 아버지인 최경환과 어머니 이성례가 순교했기 때문이다. 더 나아가 최양업 신부는 최방제와 김대건 신부와 함께 어린 나이에 유학을 떠나는데 셋 중 살아남아 고국에 돌아와 활동한 것은 최양업 신부가 유일했다. 이러한 일련의 사건들이 최양업 신부로 하여금 쉬지 않고 길을 걷도록 하는, 일종의 책임감으로 작용했을 것이라는 추측이다.[17] 이러한 책임감이 짓눌렀을 최양업 신부의 여정은, 극 내내 옅은 긴장감을 드리운 채 전개된다. 여기에 여러 번의 순교 장면이 이어지는 탓에 오페라 전체는 어두운 분위기가 지배적이다.

3. 박영희와 최양업 신부

박영희가 최양업에 마음이 갔던 이유, 혹은 박영희와 최양업의 공통점을 일차적으로는 '유학생'이라는 측면에서 생각해 볼 수 있다. 예컨대 고국을 그리워하며 타지에서 상당 시간 거주했던 '한 인간'이라는 측면에서 이 둘은 서로 닮았다. 예컨대 최양업 신부의 첫 번째 '길을 걷는' 여정을 이해하고 공감하기에 박영희보다 더 적절한 사람이 있을까?

1821년 태어난 최양업 신부는 열여섯이었던 1836년 모방 신부에게 신학생으로 뽑혀 서울에서 라틴어 수업을 시작했으며, 같은 해 김대건 및 최방제와 함께 유학길에 오르게 된다. 그렇게 열일곱이었던 1837년 중국을 거쳐 마카오에 도착했고 유학 생활을 시작한다. 이 과정에서 동료였던 최방제가 사망하고, 마카오의 소요사태로 인해 마닐라로 피신하는 일련의 사건을 겪는다. 공부를 마친 최양업은 1842년 마카오를 출발해 조선으로 입국을 시도하지만 실패한다. 여러 입국로를 탐색하는 과정에서 부모의 순교 소식을 접하며, 1847년 8월 가까스로 조선 고군산도 부근에 난파하여 섬에 착륙한다. 하지만 배의 함장이 거절하여 다시 한 번 외국으로 발길을 돌린다. 결국 1849년 12월 홀로 조선땅을 밟게 되는데 꼭 13년 만의 귀국이었다.[18]

　신학을 배우기 위해 유학을 떠났지만 사제서품을 받고도 계속해서 돌아오는 것이 여의치 않았던 최양업의 여정은 그 자체로 고향을 그리워하고 귀향을 시도하는 수년의 시간을 남겼다. 이 과정에서 최양업 신부는 부모의 죽음까지 전해 듣게 된다. 최양업의 '길을 걷는' 여정, 그리고 계속해서 고향으로 돌아오고자 하는 의지는, 내가 과연 누구이며 어떠한 사명에서 복음을 전파해야 하는지, 부모님의 순교와 자신의 신앙에 관한 되뇌임과 받아들임의 연속이었을 것이다.

　본래 살던 곳에서 떠나 이민자로서 독일에서의 삶을 개척한 박영희 역시 고국에 대한 그리움과 자신의 뿌리 혹은 본질에 대한 고민을 평생 갖고 있었다. 박영희는 1987년 작곡한 〈님〉의 작품 해설에서 "[…] 나는 종착지가 어디인지는 모르나 그 곳으로 향한 긴 여정의 기로에 있고, 그 여행이 가져다 줄 많은 변화에도 불구하고 나의 피와 살이 된 문화적 뿌리에서 멀어지는 음악은 절대로 쓰지 않겠다는 다짐 하나는 여전히 확고하다."라는 말을 한 적이 있다.[19] 박영희는 유학 혹은 작곡을 시작한 이후 '낯선 세계'에 들어섰고 그 안에서 본인의 정체성과 타자성을 치열하게 고민했으며 언제 어디서든 '자기다움'이 무엇인지 답해야 했다. 돌아갈 곳을 찾아 부단히 노력했던 최양업 신부의 영적인 삶과, 결국에는 고국에 대한 그리움과 본인의 정체성을 음악적으로 승화시키고 독일에 정착한 박영희의 여정이 겹쳐 보이는 까닭이다.

　'고향' 모티브와 관련하여 〈길 위의 천국〉에 삽입된 '사향가'를 언급할 수 있다. 이 노래는 최양업이 직접 지은 것으로 알려진 천주가사로, 천주가사는 조선후기에 유행하던 '가사' 장르를 차용하여 만든 천주교 성가이다. 가사 장르의 형식과 동일하게 4.4조로 되어 있으며, 포교와 대중 교화를 목적으로 작곡되었다. 보통 천주가사는 주로 여성에 의해 전승되었다는 기록이 있는데,[20] 이를 반영하듯 극 중 여성신도가 교우촌에서 '사향가'를 부른다. 박영희는 최양업 신부가 남긴 '사향가'의 가사를 토대로 이를 음악화하였는데 해당 부분의 가사는 다음과 같다.[21]

어화우리 벗님네야 우리본향 찾아가세
동서남북 사해팔방 어느곳이 본향인고
복지로나 가자하니 모세성인 못들었고
지당으로 가자하니 아담원조 내쳤구나
부귀영화 얻었은들 몇해까지 즐기오며
빈궁재화 많다한들 몇해까지 근심하랴

고향을 그리워하며 생각한다는 의미의 '사향(思鄕)'을 풀어낸 듯한 가사가 인상적인데, 일 반적으로 '고향'이 어린시절을 보낸 곳을 지칭한다면 '본향'은 그 사람의 뿌리가 거하는, 본관의 고향이라는 의미를 갖는다. 이 음악의 경우 화자가 천주교 신자이기에, 노래 속 '본향'이란 천국을 의미한다.[22] 최양업의 사향가는 '길을 걷는 여정'을 그려내는 오페라 〈길 위의 천국〉의 전체적인 메시지를 잘 반영할 뿐만 아니라 외국에서의 생활과 숱한 귀국의 시도, 그리고 부모님에 대한 애틋하고 안타까운 마음까지 더해져 그 무엇보다도 최양업의 마음을 대변하는 노래처럼 들린다. 특히 이 음악은 e음을 중심으로 도미넌트인 B음이 강조되는 다섯 음(e, f♯, g, a, b)이 활용됨으로써 난해한 현대음악으로 펼쳐지는 극 전체의 음악과 대조를 이룬다. 단순한 형태의 반복되는 선율이 구사되며, 선율의 끝을 떨거나 살짝 꺾는 판소리와 유사한 창법으로 불리는 것도 특징이다. 토속적인 느낌을 주는 노래로서, 사실상 그 시대 민중이 즐기고 불렀던 천주가사의 친근한 모습을 엿볼 수 있다.

한편, 박영희는 자신의 음악적 세계를 설립하는 과정에서 문화적 경계를 가로지르고, 고정관념에 도전했으며 더 나아가 소수자를 중요하게 생각하는 경향을 보인다. 다양한 정치적·사회적 이슈를 다룬 많은 작품들이 이러한 모습을 드러내며, 박영희는 교차적 정체성으로 대항문화적인 담론에 이끌렸다. 따라서 그녀의 작품 안에서 루이즈 라베(Louise Labé)나 아빌라의 테레사(Teresa of Ávila) 등의 인물이 등장하는 것은 놀랍지 않다. 이들은 분명히 중요한 인물들이지만 서양 문화의 '전형적인 중심'으로는 언급되지 않는다. 이는 최양업도 마찬가지다.[23]

이 지점에서 박영희가 최양업 신부에게 이끌린 두 번째 이유, 혹은 박영희가 그간 다뤄왔던 다양한 인물 및 소재들과 최양업 신부와의 공통점을 찾을 수 있다. 박영희는 줄곧 음악 외적인 요소들을 곡 안에 가져와 심층적으로 사유하곤 하는데, 이 과정에서 누구에게나 알려진 '주류'나 '중심'에 대한 이야기를 하기보다는 오히려 '소수자'와 '타자'를 전면에 배치한다. 남이 잘 언급하지 않았던 인물에 호기심을 느끼고 탐구하며, 잘 다뤄지지 않던 소재를 적극적으로 음악적으로 해석해 온 것이다. 최양업은 누구보다도 중요한 천주교의 사제이지만, 국내에서는 천주교 신자만 그 존재를 기억하는 인물이기도 하다.

최양업 신부가 전국을 돌며 복음을 전했을 당시에는 천주교 신자에 대한 박해가 극에 달했을 때였다. 이 과정에서 최양업 신부는 무리한 일정으로 과로와 장티푸스가 겹쳐 40세가 되던 해에 사망한다.[24] 이에 최양업 신부는 2016년 교황 프란치스코의 승인에 따라 가경자(Venerabilis)로 선포되었다. 가경자는 시복 절차를 거치는 후보자에게 부여하는 호칭이다.[25] 최양업 신부는 복음을 전파하다가 숨졌지만, 직접적인 순교자가 아니기 때문에 공식적으로는 '순교자'가 아니며, 현재 한국 천주교회는 신부의 시복 시성을 추진하고 있는 것이다.[26]

그림 5. 최양업(崔良業 토마스 1821-1861) 신부[27]

　　최양업 신부에 대한 종교계의 관심은 1984년 최양업 신부의 서한집이 번역되고 1996-1997년에 걸쳐 최양업 신부의 전기자료집이 간행되는 것으로 확인가능하다. 이런 기초 자료를 바탕으로 신학계에서는 최양업 신부에 대한 다양한 연구가 활발히 진행되고 있다.[28] 하지만 최양업 신부의 과거 업적 및 그와 관련된 학문적 자료들이 풍부한 것과는 별개로 일반인들은 최양업 신부에 대해 잘 모르는 것이 사실이다. 한국 천주교사의 첫 번째 사제였던 김대건 신부(1822-1846)에 대해서는 상식처럼 알고 있으며 그 상징성이 크다고 인식하지만, 최양업 신부에 대한 정보는 비교적 일반적이지 않다.[29] 일각에서는 최양업 신부가 "한국교회에 남긴 큰 족적에 비해 빛이 가려져 있다"고 안타까워한다.[30]

　　천주교사에서 그 업적이 분명하고 중요하지만 첫 번째가 아닌 '두 번째' 사제라는 점, 시복 절차를 밟고 있다는 점, 그리고 박영희가 최양업 신부의 다양한 면 중 '겸손'이라는 미덕에 큰 감명을 받았다고 이야기하는 점 등.[31] 이러한 최양업 신부의 독특한 포지션과 성품은 박영희가 그간 집중해 왔던 세계관과 주의를 기울여 왔던 인물들과의 연장선상에서 해석할 여지가 생긴다. 겸손을 마음에 품고 낮은 곳에서 임했던 최양업 신부의 화려하지 않은 여정이, 박영희의 마음에 감동을 불러일으켰던 것 아닐까.

4. '여성' 순교자 바르바라

최양업 신부는 생애 내내 순교자에 대해 여러 차례 기록한 바 있다. 순교자의 행적을 조사해서 다블뤼(Daveluy) 주교에게 넘겨주었으며, 1846년 페레올 주교가 저술한 기해년 순교자의 행적을 라틴어로 번역하여 파리에 있는 파리외방전교회 신학교로 보내기도 했다.[32] 특히 최양업 신부는 일곱 번째 서한의 후반부에 바르바라라는 여성이 박해를 겪은 것을 서술하고 있으며, 이와 함께 신자들이 고난을 받은 상황과 이들을 탄압하는 조선 당대의 현실을 언급했다.[33] 이를 반영하듯 〈길 위의 천국〉에서는 순교자들의 이야기가 비중 있게 묘사된다. 극 전반에 걸쳐 최양업 신부의 아버지와 어머니의 순교사가 배치되었다면 '바르바라'라는 여성의 이야기가 하나의 장으로 강렬하게 전개되는 식이다.

그림 6. 8장에서 기도하는 바르바라의 모습

기록에 따르면 바르바라는 7살 때부터 동정을 지킬 마음을 가졌던 천주교 신자로 16살에 결혼 문제로 소동을 일으키고 집을 떠난다. 극 안에서는 안정적인 삶을 영유하는 것 대신 천주교 신자라는 고난의 길을 걷는 바르바라의 모습이 그려지며, 그의 어머니, 오빠, 정혼자가 극에 등장해 바르바라를 설득하고 또 핍박한다. 하지만 바르바라는 천주교인으로서 동정을 지키며 최양업 신부를 만나기만을 고대한다.

악보 2. 8장 바르바라와 그 어머니 중 마디 1-9

바르바라와 함께 등장하는 그의 노래는 오페라 전체를 채운 박영희의 무조의 선율이 아닌, 단조의 음계로 되어 있는 구슬픈 가락이다. e단조로 이 선율을 이해한다면 e음을 음도 1로 하여 e(1음)–f#(2음)–g(3음)–b(5음)–c(6음)이 중심이 된다. 좁은 음역 안에서 3박자 계열의 단순한 리듬으로 불리는 이 노래는 새롭게 등장하는 바르바라라는 인물을 강조해 주고 그에게 강렬한 아우라를 부여한다. 지금껏 등장했던 거의 모든 인물들이 앞서 언급했던 '사향가'를 제외하고 무조의 난해한 선율을 불렀다면, 유독 바르바라 만큼은 마음을 울리는 조성의 쉬운 선율을 노래하기에 그 인상이 강하다.[34]

흥미로운 것은 바르바라가 어머니와 오빠, 정혼자 등과 설전을 벌이고 모진 수모를 견뎌내는 과정이 표면적으로는 '천주교'를 위한 행위라기보다는 '가부장'에 저항하는 여러 절차를 수행하는 것처럼 보인다는 점이다. 예컨대 바르바라라는 여성의 상황은 직접적으로는 '천주교도'의 수모이지만, 좀 더 확장하면 그 당시 여성이 처해있던 일반적인 어려움과도 맞닿아 있다. 당시 조선의 여성들은 혼기가 차면 결혼이라는 시스템 안으로 편입되었고 아버지, 남편, 아들을 따라 살아야 하는 '삼종지도', 그리고 언제든 쫓겨날 수 있는 '칠거지악'에 묶여 있었다. 따라서 천주교를 믿던 양반집 남자들이 제사를 지내기 위해 신앙을 버렸다면, 여성들은 천주교 안에서 진정한 자유를 알게 되었다. 실제로 천주교를 믿었던 당대의 여성 신자들은 동정을 지키기 위해 결혼 상대가 정해지면 벙어리 행세를 하는 등 각자의 방식으로 이에 저항했다. 고연옥은 이런 상황에 대해 "전통적인 가부장제 사회에서 여성이 천주교 신자가 되겠다는 것은 목숨을 걸어야 하는 일"이었으며 "수많은 여성들이 성사를 받기 위해 신부님을 기다렸"다고 언급한다.[35]

박영희는 한국 천주교가 전통적인 봉건적 위계질서에 도전하는 성격을 갖고 있었음을 지적해 왔으며[36] '평등'에 헌신한다는 점을 높게 평가한다고 이야기한 적이 있다. 따라서 〈길 위의 천국〉이 바르바라의 이야기를 비중있게 그려내는 가운데, 이를 보는 관객이 이 안에서 여성주의적인 키워드를 읽어내는 것은 일견 타당해 보인다. 관객들은 바르바라의 천주교에 대한 신앙심을, 직접적으로는 '가부장'에 대한 저항으로서 대면하는 것이다.

이 지점에서 최양업 신부, 더 나아가 박영희가 '여성'이라는 존재에 대해 남들보다 더 주의를 집중하고 있었음을 떠올릴 필요가 있다. 최양업은 당대의 천주교 여성 신도에 특별한 관심을 갖고 있었고[37] 서한에서 여성 순교자나 여성 교우의 상황을 비중있게 다룬 바 있다. 기록에 의하면 페레올 주교는 바르바라에게 되려 결혼을 권고하기도 하였지만,[38] 최양업 신부는 바르바라가 온전히 천주교에 귀의할 수 있도록 해 주었다.

박영희 역시 그 스스로 가부장의 탈피 혹은 여성주의에 대해 자주 거론해 왔으며, 작품활동을 해나가는데 '여성'으로서의 정체성을 중요하게 생각했다. '여성'으로서의 자의식을 드러낸 박영희의 인터뷰도 자주 발견된다. 무엇보다도 박영희가 유학을 떠날 당시의 1960년대 말 한국은 명백한 남녀차별이 존재했기에, 그는 유학은 존재론적인 문제를 해결해 줌과 동시에 물질적인 생존과도 관련된 것이었다.[39] 또한 박영희는 "한국 가부장제에서 벗어나 놓고, 다시 그곳으로 돌아갈 이유가 없었다"고 단호히 이야기하며 베를린 예술대학의 윤이상에게 가지 않고 프라이부르크로 향한다.[40] 청주 출신의 박영희에게 서울로의 대학 진학 역시 큰 도전이었을 터, 이제 그곳에서 한 걸음 더 나아가 유럽이라는 장소에서 온전히 자신의 음악, 자신의 이야기를 할 터전을 마련한 것이다.

이후에도 박영희는 여성으로서의 정체성과 보이지 않는 차별 등에 대해 늘 의식하고 있었다. 이를테면 박영희는 1980년 도나우에싱엔 음악제에서 〈소리〉를 발표할 때 "나는 한 명의 한국인 여성으로서 창조적 활동의 추진력을 어디에서 얻는가?"라고 언급하며 그녀의 정체성인 여성과 동양이라는 요소를 전면에 밀어붙인다. 박영희는 녹록치 않은 상황 안에서 창조적인 활동에 헌신했던 여성들이 자신의 롤모델이라고 밝힌 바 있으며[41] 최초의 여성작곡가로 기록되어 있는 힐데가르드 폰 빙엔(Hildegard von Bingen)이나 여성 철학자 시몬 베유(Simone Weil), 유대인 여성 시인 로제 아우슬랜더(Rose Ausländer)를 비롯하여 아빌라의 테레사(Teresa von Ávila), 에디트 슈타인(Edith Stein), 허난설헌 등을 풍부하게 활용해 곡을 쓴다.[42] 오케스트라를 위한 〈여인

아 왜 우느냐? 누구를 찾느냐?)(2023)의 작품해설에는 "나는 지금 이 순간에도 고통 속에서 우는 사람들, 특히 여성들을 생각한다"라고 적고 있다.[43)]

그림 9. 박영희 작곡가 (© Sichan PARK)

　　다시 극 중 바르바라로 돌아가 보자. 꽤 긴 시간 동안 제의적으로 묘사되는 바르바라의 순교장면은 극 전체의 클라이맥스이자 백미이다. 그렇게 산속의 동굴에서 숨어 식음을 전폐하던 바르바라는 거의 죽음직전에 이르러서야 최양업 신부를 만난다. 고대하던 최양업 신부를 만난 바르바라는 머리에 붉은 천을 쓴 채 무대 중앙에 배치된 계단식 구조물로 천천히 걸어 올라간다. 그녀의 주위에는 천사인지 영혼인지 알 수 없는 형형색색의 옷을 입은 무희가 함께하며, 최양업 신부는 바르바라를 위해 노래를 부른다. 그렇게 최양업 신부는 바르바라에게 성사를 주고 성체를 영해 주었으며 바르바라는 18살의 나이로 죽는다. 천주교에서는 하느님의 은총이 '성사'를 통해 전해진다고 믿으며, 성사의 핵심적인 내용인 '성체성사'는 '영원한 생명의 양식'으로 여겨진다.[44)] 바르바라의 죽음은 천주교에 귀의하는 순교자의 모습임과 동시에, 기존 사회의 위계질서에 암묵적으로 저항하는 초월적인 형상으로 다가온다.

　　〈길 위의 천국〉은 최양업 신부가 주인공이고 그의 아버지인 최경환과 이성례의 순교가 묘사되지만, 바르바라의 죽음만큼 드라마틱하게 다가오지는 않았다. 바르바라의 죽음이 주는 강한 여운은 앞서 언급했던 것처럼 유독 바르바라에게 소박한 노래가 부여되었던 것에서도 일부 기인하는 것 같다. 오페라 속 모든 인물들은 박영희의 선율과 화성을 통해 다소 신성하고 먼 존재

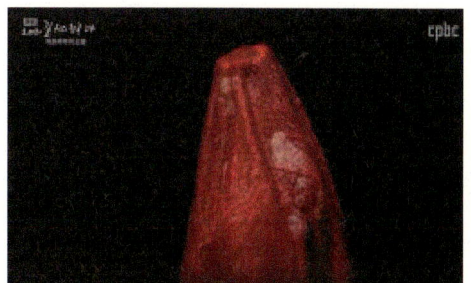

그림 7. 8장에서 붉은 천을 머리에 쓴 바르바라

그림 8. 죽음을 맞이하러 가는 바르바라

로 묘사되었다. 하지만 바르바라는 지극히 쉽고 구슬픈 노래를 부름으로써 우리 곁에 있는 소박한 아녀자처럼 다가왔다. 쉽고 간결한 선율을 통해 묘사한 낮은 곳에 존재하던 여성의 존재는, 죽음에 이르러서 가장 높은 제단 위를 향했다. 이러한 낙차(落差)가 오페라를 보고 듣는 이로 하여금 '신성'이나 '신앙'에 대해 다시 한번 곱씹게 하는 것이다.

5. 민중들, 그리고 길 위의 천국 속 천주교도들

박영희의 작품들 안에는 사회·정치적 이슈가 빈번히 드러난다. 특기할 만한 지점은 박영희가 해당 이슈를 작품 안에 그려낼 때 이러한 사태를 겪고 감내하는 '민중' 테마를 부각시킨다는 점이다. 이를테면 대표작 〈소리〉는 작품 안에 광주 5·18 학살, 마당극, 그리고 농악이라는 요소를 박영희 특유의 모계화성 및 무조의 음조직과 결합시켰다.[45] 여성 성악과 타악기를 위한 〈봉화〉(1983)는 반파시스트 저항에 해당하는 '백장미단'을 소재로 하며,[46] 대편성 오케스트라를 위한 〈님〉은 "분신한 학생과 노동자들에게 바친다"고 명시되었다.[47] 이 외에도 비올라, 첼로, 더블베이스를 위한 〈노을〉(1985), 혼성합창과 9인의 기악 주자를 위한 〈황토〉(1989)도 유사한 맥락에서 접근할 수 있다.

이처럼 박영희의 많은 곡들은 정치와 사회를 도외시하지 않으며, 특히 그 안에 있던 민중, 즉 평범한 사람들의 저항의 목소리를 중요하게 다루고 있다. 바로 이 지점에서 〈길 위의 천국〉에 등장하는 수많은 천주교도의 모습이 겹쳐진다. 오페라 안에는 최양업 신부, 그의 아버지 최경환과 어머니 이성례, 바르바라가 중요하게 다뤄지지만 그 후면에는 당시의 조선 백성과 천주교도들이 수없이 등장한다.

그림 10. 11장 '길 위의 천국' 속 천주교 교인들의 모습

극 안에는 어머니 이성례가 감옥에 갇혀 고난을 받을 때에 옆에서 수군거리는 뭇 세상 사람들의 목소리가 등장하기도 하며, 양반의 신분으로 천주교를 믿기 꺼려하는 이들의 모습도 나온다. 동시에 교우촌에서 최양업 신부를 기다리는 수많은 신도들, 그리고 천주교를 믿기 시작한 가난한 이들, 양반들이 등장한다.

이들의 목소리는 각 성부의 선적인 흐름이 강조되는 독특한 합창으로 구현된다. 많은 이들이 함께 노래를 부르지만 각자의 목소리가 또렷하게 들리는 식이다. 이런 유형의 합창은 박영희 고유의 헤테로포티적 작법을 보여주는 동시에, 한 사람 한 사람의 개별적인 목소리가 분리된 채 존재하게 한다.

이를테면 최양업의 아버지인 최경환이 고문 끝에 순교한 이후에 [악보 3]에서 보는 독특한 합창이 등장한다. '예수님은 그리스도 그리스도 구세주 그리스도'라는 가사를 네 성부가 각기 다른 형태로 부르는 형태다. 특히 마디 116-117은 소프라노와 알토를 시작으로 테너와 베이스에 이르는 순차적인 도입부가 두드러지는데 이러한 형태는 전체 음향의 복잡성을 가중시킨다. 고통받고 순교하는 민초의 이야기가 박영희 특유의 까다로운 선율과 화성으로 구현되어 그 자체로 합창이 되는 것이다.

하지만 모든 합창이 위와 같은 것은 아니다. 가녀린 풀포기 같던 목소리들은, 극 최후반부에 이르러서는 하나의 '합치된' 목소리로 탈바꿈한다. 이어지는 [악보 4]는 네 성부가 3단 악보에 표기되어 있으며, 이에 동반되는 관악기들 역시 이 성악성부를 동음으로 중복한다. '하늘에 계신 우리 아비신자여'를 노래하는 소프라노, 알토, 테너, 베이스의 선율은 a음으로 시작하여 쭉 유니

악보 3. 9장 최경환의 신앙 고백 중 마디 116-119

악보 4. 11장 길 위의 천국 중 마디 1-5

즌으로 소리를 낸다. 이런 유형의 합창에서는 성악성부와 관악기가 동일한 음정을 노래할 때 만들어지는 미세한 선율의 뉘앙스 차이만 존재한 채 전체 사운드가 합치된 채 흘러간다.

이 노래는 최양업 신부가 12년에 걸쳐 전국을 돌며 복음을 전파한 이후를 배경으로 한다. 따라서 이 음악은 조선 팔도 곳곳에 평범하게 천주교를 믿는 이들이 많아진 것을 은유한다. 오페라 안에서 제시된 때와 시는 "1861년 6월 초 여름, 산간 벽지의 가난한 촌"이다. 이를 배경으로 "집안에서 들리는 청아한 소리"가 들리는데, 이는 다름 아닌 "하늘에 계신 우리 아비신자여 네 이름의 거룩하심이 나타나며 네 [나라이] 임하시며"로 이어지는 기도와 찬양이다.

마지막 장에 등장하는 이런 형태의 합창은 모든 성부가 동일한 리듬으로 부름으로써 그간의 부침과 고난이 결국은 지나갈 것이며, 조선인들의 마음이 하나의 목소리로 통합되길 염원하는 듯하다. 결국 합치된 목소리를 들려주는 이 음악 안에서 박영희가 긴 시간 마음을 쓰고 담아냈던 '민중'의 모습이 다시 무대의 주인공으로 떠오른다.

맺음말

최양업 신부의 일대기를 다룬 오페라 〈길 위의 천국〉 안에는 박영희의 삶과 음악적 지향을 떠올릴 수 있는 여러 요소가 산재한다. 비록 대본을 박영희가 쓰지는 않았지만 그는 최양업 신부의 서한을 처음 접한 순간부터 신부의 신앙과 삶에 깊이 공감했다. 그랬기에 이렇게도 독특한 형태의 종교적 오페라가 박영희의 삶과 음악을 촘촘히 관통하게 되었을 것이다.

박영희가 지금껏 도교나 무속 등 다양한 종교적 요소를 활용해 곡을 써 왔지만 늘 기독교 신앙을 중심에 두고 있었다는 점은 박영희와 〈길 위의 천국〉을 단단히 연결시킨다. 박영희가 서한을 읽고 읊으며 수년에 걸쳐 오페라를 작곡하는 모습을 떠올려 보면, 이 작품은 박영희의 종교적 삶이 빚어낸 커다란 신앙의 증거와도 같다. 한편 박영희와 최양업 신부는 타국에서 고국을 마음에 담고 긴 시간 그리워했다는 점에서 닮았다. 그리고 박영희가 음악세계를 구축하는 과정에서 소수자 정체성을 끊임없이 탐색했고, 남이 잘 언급하지 않은 소재 등을 적극적으로 사유했던 것에서 '최양업 신부'라는 인물이 맞아떨어진다. 박영희와 최양업 신부가 여러 각도로 공명하는 셈이다.

박영희는 가부장의 탈피 혹은 여성주의에 대해 종종 언급해 왔고, 한국 천주교가 전통적인 봉건적 위계질서에 도전하는 성격을 갖고 있음에 주목했다. 이런 측면에서 오페라 속 바르바라라는 여성이 결혼을 버리고 죽음으로 향하는 모습은 상징적이다. 즉 기존 사회의 위계질서와 그에 대한 암묵적 저항 내지는 비판이, 순교라는 종교적 사건과 뒤얽혀 나타나는 것이다. 더 나아가 박영희는 그 스스로 한계를 계속해서 뛰어넘는 여성으로서 많은 이들의 귀감이 되어 왔다. 이 지점에서 자신의 삶을 원하는 방향으로 이끌어간 바르바라와 박영희가 유사한 투쟁을 하고 있는 것처럼 보인다.

박영희의 수많은 작품들 안에서는 사회정치적 이슈가 드러나며, 그 안에서 '민중'이라는 개념이 중요하게 다뤄진다. 〈길 위의 천국〉도 마찬가지다. 이 작품은 최양업 신부의 이야기임과 동시에 풀뿌리 천주교도의 핍박받는 모습을 심도 깊게 그린다. 따라서 이 오페라의 최후반부에 이르러 가장 크게 울려퍼지는 것이 '천주교도'의 합창인 것은 너무도 당연해 보인다.

예컨대 〈길 위의 천국〉은 박영희의 삶과 종교적 텍스트가 만나는 여러 지점을 보여주는 작품이다. 이 안에는 직접적이지는 않지만 박영희가 독일 유학을 거쳐 작곡가로 활동하는 긴 시간 내내 추구했던 다양한 가치들이 내포되어 있다. 길을 걷는 최양업 신부처럼, 혹은 죽음으로 향하는 바르바라처럼, 박영희는 작품 구석구석에 자신의 삶을 투영했다. 그리고 마지막 순간에는 민중에게 스포트라이트를 비추었다. 〈길 위의 천국〉이란 종교적 오페라가 박영희의 삶과 종교적 텍스트가 만나는 지점인 이유다.

참고문헌

강은수. 『내 마음의 소리: 작곡가 박영희의 작품세계』. 서울: 예솔, 2009.

류한영. 고연옥. "가경자 최양업 오페라 – 길 위의 천국." 대본. 박영희 공식 홈페이지.

박영희. "길 위의 천국 Heaven on the Road, 2 acts in 11 scenes." Score, 2020/2021. (작곡가 제공)

신인선. "비교문화 관점에서의 작곡가 박영희 연구: 관현악 작품 『Sori』의 분석을 통하여." 『음악이론연구』 7 (2002): 63-81.

윤신향. "한인 이주예술가의 장르구성과 젠더구성에 관한 단상(斷想)." 『음악학』 24/2 (2016): 161-186.

윤인선. "최양업 신부 서한에 나타난 고난 경험에 대한 치유의 글쓰기." 『교회사연구』 46 (2015): 43-76.

이석원. "최양업 신부 관련 사료 현황과 검토." 『교회사학』 19 (2021): 83-128.

차기진. "가경자 최양업 토마스 신부 시복 추진 과정." 『교회사학』 19 (2021): 5-42.

편집부. "최양업 신부 연보." 『교회사연구』 14 (1999): 9-14.

하태진. "1784-1878년 천주교 동정자 현황 검토." 『공존의 인간학』 8 (2022): 331-379.

Heile, Björn. "Younghi Pagh-Paan: 'Composer Rooted in an Asian Thought-World'" in *Musical Modernism in Global Perspective: Entangled Histories on a Shared Planet*. Cambridge: Cambridge University Press, 2024.

Leopold, Silke. "Laudatio auf Younghi Pagh-Paan." Großer Kunstpreis Berlin 2020, Akademie der Künste Berlin, 2020.

Jung, Hyejin. "Korean Cultural and Musical Influences in Younghi Pagh-Paan's Man-Nam." Dissertation Prepared for the Degree of Doctor of Musical Arts, University of North Texas, 2016.

인터넷 자료

"어둠을 비추는 빛과 같이 – 작곡가 박영희." 『음악저널』, 2024년 2월호. https://blog.naver.com/eumakjournal/223834957205 [2025년 6월 1일 접속].

"재독 박영희 작곡가 여성/동양인 최로 베를린 예술대상 수상." 『교포신문』, 2020년 1월 20일. https://kyoposhinmun.de/kultur/2020/01/20/4117/ [2025년 6월 1일 접속].

'가경자.' 『두산백과』. https://terms.naver.com/entry.naver?docId=1163696&cid=40942&categoryId=31575 [2025년 6월 1일 접속].

'천주가사.' 『한국민족문화대백과사전』. https://encykorea.aks.ac.kr/Article/E0056026 [2025년 6월 1일 접속].

'최양업 토마스 신부.'『배티성지』. https://www.baeti.org/priest/journey [2025년 6월 1일 접속].

'최양업 토마스 신부.'『천주교 수원교구 수리산성지』.. http://surisan.kr/b5/2467 [2025년 6월 1일 접속].

'최양업.'『한국민족문화대사전』. https://encykorea.aks.ac.kr/Article/E0057456 [2025년 6월 1일 접속].

"〈길 위의 천국〉 하느님의 섭리에 스스로를 온전히 맡기고자 한 두 선구자들의 200년을 초월한 만남." https://www.pagh-paan.com/dsp.php?kr,3,0,178,1 [2025년 6월 1일 접속].

"오페라 〈길 위의 천국〉 기자간담회 사후 보도자료." 한국천주교회의, 2021년 8월 25일. https://www.casuwon.or.kr/info/news/church/77285?page=63 [2025년 6월 1일 접속].

강영우. "재독 작곡가 박영희 오페라 〈길 위의 천국〉 초연 최양업 신부 탄생 200주년 기념.. 헌정." 더무브, 2021년 12월 7일. [2025년 6월 1일 접속].

고연옥. "오페라 〈길 위의 천국〉 대본 줄거리와 작업 과정 설명: '오늘도 우리에게 걸어오는 사람'." 『CBCK 한국천주교주교회의』, 2021년 8월 24일. https://blog.naver.com/cbckmedia/222482236980 [2025년 6월 1일 접속].

류한영. "오페라 〈길 위의 천국〉: 근대 서양 문화의 선구자 최양업 신부." 『CBCK 한국천주교주교회의』, 2021년 8월 24일. https://blog.naver.com/cbckmedia/222482239152 [2025년 6월 1일 접속].

박영희 공식 홈페이지. https://www.pagh-paan.com/ [2025년 6월 1일 접속].

박지순. "[현장에서] 최양업 신부를 아는 만큼 축복이다." 『가톨릭신문』, 2021년 9월 7일. https://www.catholictimes.org/article/202109070075937 [2025년 6월 1일 접속].

서화동. "한국 천주교 두번째 사제, 최양업 신부를 아시나요." 『한경신문』, 2008년 11월 19일. https://www.hankyung.com/article/2008111375271 [2025년 6월 1일 접속].

이주연. "최양업 신부 주제 오페라 작업 중인 재독 작곡가 박영희씨." 『가톨릭신문』, 2017년 4월 2일. https://www.catholictimes.org/article/201703280185272 [2025년 6월 1일 접속].

이수은. "오페라 〈길 위의 천국〉 연출 및 무대 디자인에 관한 개괄적 설명: '더 나은 세상을 위해 걸어가는 길'", 『CBCK 한국천주교주교회의』, 2021년 8월 24일. https://blog.naver.com/cbckmedia/222482232010 [2025년 6월 1일 접속].

이철수. "오페라 〈길 위의 천국〉 기획 및 제작 의미." 『CBCK 한국천주교주교회의』, 2021년 8월 24일. https://blog.naver.com/cbckmedia/222482240039 [2025년 6월 1일 접속].

지중배. "오페라 〈길 위의 천국〉 작곡가 박영희(Younghi Pagh-Paan)의 삶과 음악세계." CBCK 한국천주교주교회의, 2021년 8월 24일. https://blog.naver.com/cbckmedia/222482238333 [2025년 6월 1일 접속].

최희진. 김정근. "(42) 조선시대 박해 광풍 이겨낸 천주교의 안식처…순교자의 길 되새기다." 『경향신문』, 2017년 4월 15일. https://www.khan.co.kr/article/201704142135005 [2025년 6월 1일 접속].

하종훈. "천주교 '두 번째 사제' 최양업 신부 탄생 200주년 기린다." 『서울신문』, 2021년 2월 17일. https://www.seoul.co.kr/news/newsView.php?id=20210217500104 [2025년 6월 1일 접속].

미주

1. 최희진, 김정근, "(42) 조선시대 박해 광풍 이겨낸 천주교의 안식처…순교자의 길 되새기다", 『경향신문』, 2017년 4월 15일. https://www.khan.co.kr/article/201704142135005 [2025년 6월 1일 접속].
https://www.japanarts.co.jp/news/news.php?id=1804 [2018년 11월 15일 접속].

2. Hyejin Jung, "Korean Cultural and Musical Influences in Younghi Pagh-Paan's Man-Nam", Dissertation Prepared for the Degree of Doctor of Musical Arts, University of North Texas, 5-6.

3. '당신 빛으로 저희는 빛을 봅니다. 빛', 박영희 공식 홈페이지. https://pagh-paan.com/dsp.php?kr,3,0,82 [2025년 6월 1일 접속].

4. Björn Heile, "Younghi Pagh-Paan: 'Composer Rooted in an Asian Thought-World'" in *Musical Modernism in Global Perspective: Entangled Histories on a Shared Planet*, Cambridge: Cambridge University Press, 2024, 181-182.

5. "어둠을 비추는 빛과 같이 – 작곡가 박영희", 『음악저널』, 2024년 2월호. https://blog.naver.com/eumakjournal/223834957205 [2025년 6월 1일 접속].

6. Heile, "Younghi Pagh-Paan: 'Composer Rooted in an Asian Thought-World'", 226.

7. 이주연, "최양업 신부 주제 오페라 작업 중인 재독 작곡가 박영희씨", 『가톨릭신문』, 2017년 4월 2일. [2025년 6월 1일 접속].

8. '무반주 합창곡을 위한 "주님, 당신의 자비를 기억하소서"(2009)', 박영희 공식 홈페이지. https://pagh-paan.com/dsp.php?kr,3,0,61,1 [2025년 6월 1일 접속].

9. '오르간 독주곡 〈별빛 아래서〉', 박영희 공식 홈페이지. https://pagh-paan.com/dsp.php?kr,3,0,62,1, [2025년 6월 1일 접속].

10. '피아노 독주를 위한 [목 마르다] (2008)', 박영희 공식 홈페이지. https://pagh-paan.com/dsp.php?kr,3,0,58,1, [2025년 6월 1일 접속].

11. 이주연, "최양업 신부 주제 오페라 작업 중인 재독 작곡가 박영희씨."

12. 이주연, "최양업 신부 주제 오페라 작업 중인 재독 작곡가 박영희씨."

13. 강영우, "재독 작곡가 박영희 오페라 〈길 위의 천국〉 초연 최양업 신부 탄생 200주년 기념.. 헌정", 더무브, 2021년 12월 7일. [2025년 6월 1일 접속].

14. '최양업', 한국민족문화대사전. https://encykorea.aks.ac.kr/Article/E0057456 [2025년 6월 1일 접속].

15. 고연옥, "오페라 〈길 위의 천국〉 대본 줄거리와 작업 과정 설명: '오늘도 우리에게 걸어오는 사람'", CBCK 한국천주교주교회의, 2021년 8월 24일. https://blog.naver.com/cbckmedia/222482236980 [2025

년 6월 1일 접속].

16. 작곡가의 공식홈페이지에 업로드되어 있는 대본은 2021년 초연버전과 비교하여 장의 수가 다르며, 내용 또한 부분적으로 일치하지 않는 부분이 있어 본 줄거리는 작곡가가 제공한 스코어를 바탕으로 하였다. 박영희, "길 위의 천국 Heaven on the Road, 2 acts in 11 scenes" Score, 2020/2021.

17. 고연옥, "오페라 〈길 위의 천국〉 대본 줄거리와 작업 과정 설명: '오늘도 우리에게 걸어오는 사람'."

18. 편집부, "최양업 신부 연보", 『교회사연구』 14 (1999), 9-14.

19. '님', 박영희 공식 홈페이지. https://pagh-paan.com/dsp.php?kr,3,0,11,1, [2025년 6월 1일 접속].

20. 다만 최양업 신부가 남긴 천주가사에 대하여 그가 직접 이를 창작하였는지의 여부는 논란이 있다. 그 중 '사향가', '션종가', '공심판가', 'ᄉ심판가'는 최양업 신부의 작품으로 보는 경향이 짙다. '천주가사 (天主歌辭)', 한국민족문화대백과사전. https://encykorea.aks.ac.kr/Article/E0056026 [2025년 6월 1일 접속].

21. 박영희, "길 위의 천국 Heaven on the Road, 2 acts in 11 scenes" Score, 64.

22. '천주가사', 한국민족문화대백과사전. https://encykorea.aks.ac.kr/Article/E0056026 [2025년 6월 1일 접속].

23. Heile, "Younghi Pagh-Paan: 'Composer Rooted in an Asian Thought-World'", 231.

24. 하종훈, "천주교 '두 번째 사제' 최양업 신부 탄생 200주년 기린다", 『서울신문』, 2021년 2월 17일.https://www.seoul.co.kr/news/newsView.php?id=20210217500104 [2025년 6월 1일 접속].

25. '가경자', 『두산백과』. https://terms.naver.com/entry.naver?docId=1163696&cid=40942&categoryId=31575 [2025년 6월 1일 접속].

26. 차기진, "가경자 최양업 토마스 신부 시복 추진 과정", 『교회사학』 19 (2021), 7.

27. '최양업 토마스 신부', 천주교 수원교구 수리산성지. http://surisan.kr/b5/2467 [2025년 6월 1일 접속].

28. 이석원, "최양업 신부 관련 사료 현황과 검토", 『교회사학』 19 (2021), 85.

29. 서화동, "한국 천주교 두번째 사제, 최양업 신부를 아시나요", 『한경신문』, 2008년 11월 19일. https://www.hankyung.com/article/2008111375271 [2025년 6월 1일 접속].

30. 박지순, "[현장에서] 최양업 신부를 아는 만큼 축복이다", 2021년 9월 7일, 『가톨릭신문』. https://www.catholictimes.org/article/202109070075937 [2025년 6월 1일 접속].

31. 이주연, "최양업 신부 주제 오페라 작업 중인 재독 작곡가 박영희씨."

32. '최양업', 한국민족문화대사전.

33. 윤인선, "최양업 신부 서한에 나타난 고난 경험에 대한 치유의 글쓰기", 『교회사연구』 46 (2015), 70.

34. 물론 바르바라의 노래 역시 후반부로 진행할수록 다른 성악 앙상블과 섞이기도 하고 좀 더 복잡한

형태로 변모하는 것은 마찬가지다.

35. 고연옥, "오페라 〈길 위의 천국〉 대본 줄거리와 작업 과정 설명: '오늘도 우리에게 걸어오는 사람'."

36. Heile, "Younghi Pagh-Paan: 'Composer Rooted in an Asian Thought-World'", 197.

37. 류한영, "오페라 〈길 위의 천국〉: 근대 서양 문화의 선구자 최양업 신부", 『CBCK 한국천주교주교회의』, 2021년 8월 24일. https://blog.naver.com/cbckmedia/222482239152 [2025년 6월 1일 접속].

38. 달레, 『한국천주교회사』 下, 162-168, 하태진, "1784~1878년 천주교 동정자 현황 검토", 『공존의 인간학』 8 (2022), 371에서 재인용.

39. 강은수, 『내 마음의 소리: 작곡가 박영희의 작품세계』(서울: 예솔, 2009), 31.

40. 다만 하일레는 박영희가 프라이부르크를 유학장소로 선택한 이유를 서울대에서 배웠던 이성재의 영향 때문이라고 연구한 바 있다. Volker Hagedorn, 'The Soul Must Descend from Its Mount', VAN Magazine, 4 October 2017, http://van-magazine.com/mag/klaus-huber/ (accessed 28 April 2022), Heile, "Younghi Pagh-Paan: 'Composer Rooted in an Asian Thought-World'", 182에서 재인용.

41. Ibid., 187.; Leopold, "Laudatio auf Younghi Pagh-Paan."

42. 이를테면 메조소프라노와 비올라를 위한 〈아직도〉(1996)는 아우슬랜더의 시 '공기의 시원한 사랑을 찬양하라'에서 텍스트를 인용한 것이며 무반주 아카펠라를 위한 〈연꽃〉(2013)은 허난설헌의 시를 텍스트로 활용했다. '연꽃', 박영희 공식 홈페이지. https://pagh-paan.com/dsp.php?kr,3,0,75 [2025년 6월 1일 접속].

43. '여인아 왜 우느냐? 누구를 찾느냐?', 박영희 공식 홈페이지. https://pagh-paan.com/dsp.php?kr,3,0,182 [2025년 6월 1일 접속].

44. 하태진, "1784-1878년 천주교 동정자 현황 검토", 370.

45. Heile, "Younghi Pagh-Paan: 'Composer Rooted in an Asian Thought-World'", 212.

46. Heile, "Younghi Pagh-Paan: 'Composer Rooted in an Asian Thought-World'", 212.

47. Heile, "Younghi Pagh-Paan: 'Composer Rooted in an Asian Thought-World'", 212-213.

제8장

소프 오페라를 통한 오페라의 재해석
호주 국립 오페라단과 ABC 방송국, 그리고 엘레나
카츠-셔닌의 텔레비전 오페라 〈이혼〉(2015)

글 · 강예린

〈작품 정보〉

음악: 엘레나 카츠-셔닌(Elena Kats Chernin, 1957-)

대본: 조아나 머레이-스미스(Joanna Murray-Smith)

초연 (첫방송): 2015년 12월 7-10일, 호주 ABC 방송국

구성: 4부작

소프 오페라를 통한 오페라의 재해석
호주 국립 오페라단과 ABC 방송국, 그리고 엘레나 카츠-셔닌의 텔레비전 오페라 〈이혼〉(2015)

글 · 강예린

20세기 이후의 기술 발전은 오페라의 표현력과 접근성을 더욱 확대해 그 영향력을 광범위하게 만들었다. 특히, 영화, 라디오, 텔레비전의 등장은 오페라를 극장 무대의 한정된 경험에서 벗어나 더 넓은 관중에게 다다를 수 있는 새로운 기회로 작용했다. 이 중 그 중에서도 텔레비전은 현재까지도 멀리 떨어진 곳에서 일어나는 어떤 것을 실시간으로 전달받는 시청각 매체로 인식되며, 녹화된 영상일지라도 체계적으로 짜인 일정 안에서 즉각적으로 소비되는 생중계적 성격을 가지기 때문에 색다른 오페라 경험을 선사한다.

2015년 12월, 호주 텔레비전 화면에는 전례 없는 실험작이 등장했다. 미니시리즈 〈이혼〉(The Divorce)은 4일간 총 4회에 걸쳐 방영되며, 공연예술 장르인 오페라와 텔레비전의 대표적 장르인 연속극이 결합한 새로운 형태의 작품이었다. 호주 국립 오페라단(Opera Australia)과 ABC 방송국 및 독립 스튜디오인 프린세스 픽처스(Princess Pictures)가 제작 주체가 되어 현대의 미디어 지형에 맞는 오페라를 구상해 냈다. 작곡에는 호주에서 오페라 및 현대음악 작곡가로 활발히 활동 중인 카츠-셔닌(Elena Kats-Chernin)이 참여하였으며, 대본과 작사는 최근 주목받는 연극 작가 머레이-스미스(Joanna Murray-Smith)가 담당했다.

해당 작품의 기초적인 아이디어를 제공한 호주 국립 오페라단의 예술감독 테라치니(Lyndon Terracini)는 오페라의 대중화에 많은 관심이 있으며, 이전에도 헤드폰을 쓰고 감상하는 오페라나 시드니 항구를 배경으로 하는 야외 오페라 등 새로운 오페라 형식을 시도한 바 있다. 그는 텔레비전이 오페라와는 아무런 관련이 없는 관객들과 소통할 수 있는 환상적인 매체라고 생각했으며, 이번 텔레비전 오페라 또한 대중에게 친숙하게 다가가기 위한 도전 중 하나였다.[1] 〈이혼〉은 그 목적에 걸맞게 호주 내에서 누적으로 110만 명의 시청자를 불러 모으면서[2] 성공적인 사례 중 하나로 여겨지게 되었다.

오페라 〈이혼〉은 부유한 부부 제드와 아이리스는 이혼을 결심하고, 그 기념으로 성대한 파티를 열기로 하면서 시작된다. 이 파티에는 그들을 오랫동안 도와온 비서 캐롤린도 함께하는데, 그녀는 현재 사채업자에게 쫓기고 있는 상황이고, 결국 그 사채업자들이 파티장까지 들이닥친다. 제드와 아이리스의 각자 불륜 상대도 파티에 초대되는데, 아이리스의 상대는 젊은 자수성가형 부자인 윌리엄이고, 제드의 상대는 아이리스의 동생 루이즈다. 파티가 진행될수록 이들의 관계는 점점 예기치 못한 방향으로 흘러간다. 제드와 아이리스는 지난 결혼 생활을 되돌아보며 서로에 대한 애정을 다시 느끼게 되고, 윌리엄은 우연히 캐롤린을 도우면서 그녀에게 진심으로 끌리게 된다. 제드는 루이즈를 떼어놓기 위해 젊은 예술가 토비에게 그녀에게 접근하라고 지시하지만, 결과적으로 둘은 진짜 사랑에 빠진다. 그리고 파티의 막바지에는 놀라운 출생의 비밀이 밝혀진다. 고아로 자라온 윌리엄의 생모가 다름 아닌 부부의 친구 엘렌이었다는 사실이 드러나며 모두를 놀라게 한다. 그렇게 얽히고설켰던 감정의 실타래는 하나씩 정리되고, 각 인물은 자신만의 사랑과 가족을 되찾으며 이야기는 경쾌한 합창과 함께 해피엔딩으로 마무리된다.

〈이혼〉은 단순히 기존 오페라를 텔레비전으로 옮긴 것이 아니라, 텔레비전이라는 매체의 특성을 적극적으로 활용하여 오페라의 새로운 서사적 가능성을 탐색한 작품이다. 이 미니시리즈는 어떻게 전통적인 공연예술이 현대적 미디어와 만나 새로운 예술적 영역을 창조할 수 있는지를 보여주는 흥미로운 사례가 되고 있다.

1. 텔레비전 오페라와 그 특성

〈이혼〉과 같은 작품을 제대로 이해하기 위해서는 먼저 텔레비전 오페라라는 장르 자체의 특성과 발전 과정을 살펴볼 필요가 있다. 텔레비전 오페라(Television opera, Televised opera, Telecast opera)는 라디오, 영화와 함께 오페라를 대중적인 매체로 소개하기 위한 노력의 결과이다. 명칭에서 알 수 있듯이 넓은 의미의 텔레비전 오페라는 "텔레비전을 통해 방송되는" 오페라 공연 전반을 이야기한다. 미국의 PBS 방송국에서 메트로폴리탄 오페라단(Metropolitan Opera)의 극장 공연을 녹화하여 방송하는 경우가 아마 가장 익숙한 형태이자 대표적인 예시일 것이다.

그 역사는 텔레비전의 시작으로 올라간다. 텔레비전은 초기 단계부터 시청자의 선택과 편성의 중요성을 고려해야 했다. 영화 매체의 경우 감상자가 특정한 작품을 선택해 소비하며 이를 통해 영화관에서의 체류 시간이 결정되는 데 반해, 텔레비전은 일상의 일부로써 쉽게 접근할 수 있다. 이러한 특성으로 인해 텔레비전은 수용자의 다양한 관심과 일상 패턴을 반영하여 전략적인 프로그램 편성이 필요하다.[3]

방송사는 점차 확장되는 방송 일정을 위해 연극, 보드빌(vaudeville), 팬터마임(pantomime) 등[4] 다양한 문화 콘텐츠를 활용했다. 오페라도 그 중 하나로, 영국의 BBC가 1936년 정규 방송을 처음 시작한 지 11일 후에 코츠(Albert Coates)의 새 오페라 〈픽윅씨〉(*Mr. Pickwick*, 1936)의 일부 장면이 생방송 되었다는 사례가 이를 잘 드러낸다.[5] 텔레비전의 발전과 함께 오페라는 다양한 형태로 분화되었다. 초기에는 텔레비전 스튜디오나 극장에서 실시간 생방송으로 작품이 송출되었지만, 녹화 기술의 발전함에 따라 녹화와 편집 기술을 활용하여 극장 및 생방송과는 차별화되는 오페라 경험을 제공했다.

하지만 연구자들이 제안하는 '텔레비전 오페라'의 정의는 조금 더 제한적이다. 텔레비전에서 오페라 방송이 활발하게 실험되던 시기에 연구를 진행한 버크(Richard Cullen Burke)는 기존 오페라를 단순히 방송하는 형태와 텔레비전의 특성을 활용한 새로운 작품이라는 두 가지 분류로 나누어 텔레비전 오페라를 정의한 바 있다.[6] 또한 반스(Jennifer Barnes)는 영어 대문자를 사용한 용어(Television Opera)를 제안하며 텔레비전을 위해 위촉된 오페라만을 이 영역에 포함시켰다.[7] 다양한 학자들의 정의는 강조점이 다르지만 대체로 학자들이 사용하는 협의의 '텔레비전 오페라'는 텔레비전의 매체성을 깊이 탐구하거나 텔레비전 방송을 상정하고 방송국과 협력하여 의뢰 및 제작된 오페라 작품을 지칭하고 있다.

1951년 처음 방송된 메노티(Gian Carlo Menotti)의 〈아말과 밤의 방문자〉(*Amahl and the Night Visitors*)는 특별히 텔레비전 방영을 위해 창작된 첫 번째 오페라로 여겨진다. 《아말》의 초연은 텔레비전 스튜디오에서 생방송으로 진행되었으며, 재촬영이나 사후 편집의 기회가 없었기 때문에 작곡가, 작가, 가수, 무대 감독, 카메라 기술자에 이르기까지 모든 사람이 극장에서의 긴장감을 그대로 가진 채 공연을 진행했다.[8] 여기에 연말 분위기에 맞춘 성경 기반의 대중적 대본, 내용 및 음악과 긴밀히 상호작용을 하며 진행되는 카메라 기법과 리듬이 좋은 조화를 이루면서 《아말》은 큰 성공을 거두었고, 텔레비전과 극장 모두에서 크리스마스 시즌에 자주 상연되는 작품이 되었다. 결과적으로, 메노티의 작품은 오페라를 발표하고 경험하기 위한 플랫폼으로서 텔레비전이 큰 가능성을 지니고 있음을 입증했으며, 안방극장 오페라를 위한 수문을 열었다고 할 수 있다. 이후 브리튼(Benjamin Britten)을 비롯한 현대 작곡가들이 텔레비전 오페라를 꾸준히 시도하고 발전시켜 '오페라'라는 예술 형태에 대한 다양한 고민을 끌어내고 있다.

이렇게 작품의 창작 과정에서부터 텔레비전을 매체로 고려할 경우, 텔레비전의 시청 형태와 매체적 특성까지도 작품 구성에 큰 영향을 미친다. 그렇기에 무대 오페라를 텔레비전으로 방영하는 것과는 제작 단계에서부터 다른 접근을 요구하게 된다. 텔레비전은 멀리서 온 정보를 동시다발적으로 제공하며, 시청자는 그 콘텐츠를 즉각적이고 생동감 있게 받아들인다. 더불어, 영화보다 작은 일상 속의 화면을 사용하기에 클로즈업의 활용이나 빠른 화면 전환, 일상성과 친근함의 풍부한 활용과 같이 소위 텔레비주얼리티(Televisuality)라고 일컬어지는 텔레비전만의 시각적 미학을 형성한다.[9]

이러한 매체적 특성을 통해 텔레비전 오페라는 영화나 라디오로 감상하는 오페라와는 다른 독특한 경험을 제공하게 된다. 극장이라는 공간적 제약 없이 생생하게 오페라를 전달할 수 있다는 텔레비전의 장점은 많은 제작자에게 긍정적인 요소로 비춰지며 큰 기대를 받기도 했다. NBC 오페라 극장(NBC Opera Theatre)의 예술 감독이기도 했던 아들러(Peter Herman Adler)는 텔레비전이 "대중과 오페라 하우스 사이의 간극을 이어줄" 것이며 "새로운 종류의 오페라를 발전시킬" 것이라고 언급하기도 했다.[10] 그러나, 이러한 희망과는 달리 텔레비전 오페라는 몇 가지 어려움에 직면하게 된다. 높은 제작비와 인터넷의 발전으로 인한 텔레비전의 상대적 하향세, 그리고 텔레비전의 시청자가 실제 오페라 극장의 관객으로 이어지지 않는 저조한 반응 등의 이유로 그 위치가 점차 약화되었다. 그럼에도, 텔레비전이 여전히 주요한 정보 전달 매체로 작용하고 있으며, 오페라 단체와 방송사도 텔레비전의 중요성을 계속 인지하며 다양한 시도를 지속하고 있다.

2. 장르 경계의 해체와 재구성

1951년 메노티의 작품 이후 2000년대까지 전 세계적으로 약 50여개의 텔레비전 오페라가 창작되었으며 이후 영국과 미국, 그리고 호주에서 텔레비전 오페라를 간간이 시도했다.[11] 이 중 최신 사례로서 가장 눈에 띄는 성과를 이룬 것이 바로 텔레비전 오페라 연속극 〈이혼〉이다.

〈이혼〉의 가장 중요한 미학적 성취는 고정된 장르 개념을 해체하고 재구성한 점이다. 오페라와 텔레비전 연속극은 각각 고유한 문화적 전통과 관습을   장르들이다. 오페라는 집중된 시간 동안의 완결된 서사 구조를, 텔레비전 연속극은 확장 가능한 서사 구조를 기본으로 하며, 서로 다른 음악적 언어와 연출 방식을 구축해 왔다. 〈이혼〉은 이러한 서로 다른 장르적 전통을 창조적으로 융합하여 새로운 형태의 음악극을 창조했다.

가장 기본적인 틀에 있어서 〈이혼〉은 희가극(Comic Opera)이다. 대사의 사용, 일상적 소재, 뚜렷한 가사 전달, 복잡한 듯 단순한 음악, 우스꽝스러운 상황과 급작스러운 해결까지 희가극의 전형적인 특징을 살펴볼 수 있다. 이를 가장 잘 보여주는 예시가 바로 4화의 마무리 장면으로, 이전의 회차 동안 복잡하게 얽혀온 인물 관계가 단 한 곡의 합창곡으로 정리되고 모두가 행복하게 파티를 마무리 짓는 경쾌한 결말을 향해 가게 된다.

여기에 이혼은 텔레비전의 대표적인 연속극 장르인 소프 오페라(soap opera)의 형식과 서사 전략을 정교하게 이식해 독특한 이중 구조를 만들어낸다. 1900년대 초 라디오에서 시작되어 텔레비전으로 이어진 소프 오페라는 주로 비누 회사의 후원을 받아 제작되어 '비누(soap) 작품'이라는 이름을 얻었다. 미국에서 크게 발전한 이 형식은 낮 시간대 주부 시청자를 겨냥해 적은 예산으로 제작되었고, 그에 따른 시각적 표현의 한계를 보완하기 위해 대사와 과장된 연기를 선보이는 특징을 지니고 있다.[12] 또한, 소프 오페라의 서사는 다수의 등장인물이 펼치는 일상적 삶과 그 안에서 일어나는 사랑, 배신, 우정 등 감정적 갈등을 중심으로 전개된다. 그에 따라, 시청자를 다음 회로 이끌기 위해 복잡하게 얽힌 인물 관계와 결혼, 이혼, 재결합 같은 극적인 사건들이 끊임없이 이어진다.[13]

〈이혼〉은 4일간 매일 방영된 일일 연속극으로서 이러한 소프 오페라의 특징을 충실히 구현했다. 작품은 부유한 부부의 이혼 파티라는 일상적 소재에서 출발하지만, 소프오페라의 전형적 기법들을 통해 서사를 확장시킨다. 비서 캐롤린의 사채업자 문제, 각자의 불륜 상대들, 그리고 최종적으로 드러나는 윌리엄의 출생 비밀까지, 이러한 복잡하게 얽힌 인물 관계와 자극적 사건들의 연쇄는 소프 오페라의 전형적 서사 패턴을 그대로 차용한 것이다. 또한 주인공 부부를 중심으로 비서와 동생, 가족, 지인, 심지어는 사채업자까지 계속 등장인물이 확장되고 여러 서브플롯이 형성된다. 그리고 이 안에서 명확한 동기 없이 사랑하고 헤어지며, 예상치 못한 시점에 출생의 비밀이 드러나는 등 자극적인 사건들이 연속적으로 일어나게 된다.

특히, 오페라 〈이혼〉은 소프 오페라에 자주 등장하는 기법이자 각 회차 마지막에 충격적 상황으로 긴장감을 유지하는 클리프행어(Cliffhanger)를 성공적으로 도입했다. 1화 마지막에서 루이즈가 형부에 대한 감정을 고백하는 장면이 바로 그 대표적인 예시로 시청자를 다음 회차로 이끄는 장치다. 1화부터 3화까지 각 회차들은 어느정도의 완결성을 가지고 있지만, 한편으로는 이 결말이 시청자들에게 다음 회차에 대한 궁금증을 유발하기 때문에 전체적으로는 연속적 몰입을 유도하는 구조를 만들어낸다.

이러한 서사적 융합은 오페라 감상의 리듬을 근본적으로 변화시킨다. 전통 오페라가 집중된 시간 동안의 감상을 추구하였다면, 〈이혼〉은 소프 오페라의 연속성과 일상성을 빌려 오페라적 감동을 세분화하고 일상화한다. 4회로 구성된 일일 연속극이라는 형식 자체가 오페라를 지속되는 일상의 예술로 재정의하는 과정이라 볼 수 있다.

3. 텔레비전 매체에 최적화된 음악 전략

이 같은 재정의 과정에서 음악은 핵심적인 역할을 담당한다. 〈이혼〉의 가장 두드러진 특징은 다양한 장르의 음악 양식을 융합하여 텔레비전 매체에 최적화된 사운드를 창조한 것이다. 이 작품에는 오페라의 선율적인 노래와 재즈, 카바레 음악 등 다양한 대중음악의 조합이 나타난다. 예를 들어, 1화의 서곡 이후 나오는 부부의 듀엣곡은 두 사람이 결혼 생활 중 느꼈던 서로의 단점을 꼬집는 내용을 담고 있다. 이러한 가사의 톤에 맞게 당김음 중심의 피아노 음악인 래그타임(ragtime) 스타일의 반주를 삽입했다.

〈이혼〉의 음악적 다양성은 작품의 구조적 설계와도 긴밀하게 연결된다. 7명의 주요 등장인물은 적어도 한 번 이상 듀엣곡을 부르며, 여성 캐릭터들은 각자만의 매력적인 아리아를 가지고 있다. 특히 아이리스와 캐롤린의 2중창은 고전주의 오페라의 2중창 전통을 연상시키면서도 현대적 화성과 리듬을 접목해 두 여성 캐릭터 간의 복잡한 관계를 음악적으로 표현한다. 또한 호주 오페라 단원들을 파티 참석자로 기용하여 풍부한 합창을 만들어내며, 작품 곳곳에 무용 시퀀스를 배치하여 노래 멜로디를 무용 음악으로도 활용함으로써 시각적 효과를 극대화한다.

이러한 음악적 다양성은 소프 오페라에서 음악이 담당하는 핵심 역할과 직접적으로 연결된다. 미국의 소프 오페라에서 음악은 적은 예산으로 인한 한정된 세트와 시각적 효과를 해소해 주는 중요한 요소이다. 시각적인 요소가 전무했던 라디오 시절부터 소프 오페라에서의 음악은 시간과 장소의 전환을 제공하고 캐릭터의 마음 상태를 청각적으로 표현하며, 주어진 사건에서 따라올 파멸이나 기쁨을 예측하는 역할을 해왔다.[14] 카츠-셔닌 은 이러한 소프 오페라의 음악적 전략을 차용하여 회당 25분이라는 짧은 시간 안에서 최대한 풍부한 음악적 경험을 제공한다. 이에 따라 한 곡에 배정된 길이가 3분 정도로 매우 짧고 반주의 오케스트레이션 규모 또한 작은 편이지만, 오히려 이러한 제약이 집중도 높은 음악적 표현을 가능하게 한다.

〈이혼〉의 또 다른 주요 음악적 특징은 다양한 창법을 활용한다는 점이다. 출연진 대부분이 전통 성악 교육을 받았거나 오페라 무대 경험을 갖추었지만, 이들은 전통 성악 기법과 대중음악 창법을 절충한 새로운 발성법을 구사한다. 아이리스 역을 맡은 프라이어(Marina Prior)와 토비 역의 셰리던(Hugh Sheridan)은 뮤지컬에서 활동하지만 전통 성악 및 오페라 교육을 받았으며, 캐롤린 역의 밀러-하이드크(Kate Miller-Heidke)는 대중음악뿐만 아니라 현대음악 작곡가 판 데르 아(Michel van der Aa)와 여러 음악극 작업을 진행한 가수이다.

이들의 절충적 노래 방식은 단순한 타협이 아니라 텔레비전이라는 매체의 특성을 고려한 전략적 선택이다. 스피커를 통해 전달되는 음성의 가사 전달력을 높이기 위해 전통 성악을 기반으로 하되 뮤지컬이나 대중음악의 창법을 자유롭게 넘나들 수 있는 가수들이 필요했던 것이다. 이러한 접근은 오페라의 음악적 특성을 유지하면서도 텔레비전 시청자들에게 친숙하고 명확한 소리를 효과적으로 전달한다.

〈이혼〉의 음악적 전략은 텔레비전 매체의 고유한 특성과 밀접하게 연관되어 있다. 어두운 공간에서 화면 또는 공연자만 바라보는 극장과는 달리 텔레비전은 주로 일상 환경 속에서 감상하는 응시라기보다는 흘끗 보는 것에 가까운 매체이다. 따라서 소리 구성에 있어 집중력을 유도하고 시선을 다시 텔레비전으로 끌고 올 수 있는 요소들이 필요하며, 소리가 바로 그런 역할을 담당하게 된다. 3분 내외의 짧은 곡 길이, 작은 규모의 오케스트레이션, 그리고 음악과 안무의 결합을 통한 시각적 효과 극대화는 모두 갖추어진 극장 환경이 아니라 안방에서 감상하는 텔레비전의 전달 방식을 고려하여 오페라를 효율적으로 담기 위한 전략적 선택으로 볼 수 있다.

4. 무대 밖 오페라, 안방극장의 오페라

〈이혼〉이 보여준 텔레비전의 클로즈업과 빠른 화면 전환을 활용한 연출은 오페라적 서사와 감정 전달 방식의 본질을 유지하면서도 새로운 형태의 미학적 경험을 제공한다. 특히 이 작품은 기존의 무대 오페라가 지닌 시청각적 몰입보다는 텔레비전 연속극 특유의 친밀한 접근을 활용하여 오페라 경험을 재창조했다는 점에서 주목할 만한 미학적 성과를 이뤄냈다.

이 작품은 단순히 오페라를 텔레비전에 옮긴 것이 아니라, 텔레비전이라는 매체의 본질적 속성들이 오페라의 구성 원리 자체가 되도록 했다. 클로즈업은 아리아의 내밀성을 극대화하는 구조적 장치가 되었고, 교차 편집은 앙상블의 풍성함을 시각화하는 방법론이 되었다. 이는 매체와 장르가 단순히 결합하는 것을 넘어 새로운 예술 형식으로 융합되는 과정을 보여준다. 더 나아가, 〈이혼〉은 무대 중심적 재현, 압축적 시간성, 역사적으로 축적되어 온 극장에서의 관람 태도에서 한 걸음 더 나아가, 텔레비전이라는 매체가 가진 일상적 특성, 분절된 시청 형태, 용이한 접근성을 구성 원리로 수용한다. 이를 통해 오페라적 서사와 감정 전달은 고정된 형식이 아니라 가변적이고 다층적인 체험으로 전환된다.

이러한 맥락에서 〈이혼〉의 시도는 텔레비전이나 온라인 플랫폼을 통한 오페라 중계의 접근법과 비교해 볼 때 그 독특성이 더욱 분명해진다. 메트로폴리탄 오페라의 HD 중계와 같은 사례는 극장 경험을 사실적으로 재현하려는 전략을 택한다. 다중 카메라, 클로즈업, 입체음향 등 기술적 개입을 통해 가장 좋은 좌석에서 보는 오페라 경험을 강조한다. 오페라 중계와 관련한 연구를 진행하는 모리스(Christopher Morris)는 이렇게 극장의 현장감을 완벽히 재현하려는 시도가 오히려 결국 실제 공연 경험과 중계 시청 경험의 차이를 오히려 드러내면서 관객이 오페라를 경험하는 방식 자체를 변화시킨다고 주장한다.[15] 즉, 오페라 중계에서 매체의 개입은 단순히 현장감을 전달하는 것이 아니라 새로운 형태의 오페라적 경험을 구성하는 매개체로 작용하는 것이다.

반면 〈이혼〉은 공연을 사실적으로 전달하려는 목표에서 벗어나 텔레비전에서만 가능한 오페라적 경험을 추구하고 있다. 이는 극장의 부재를 보완하려는 시도가 아니라 편집, 몽타주, 친밀한 화면 구성, 일상적 시청 환경, 스피커를 전제로 한 음악 작곡과 사운드 구성 등 텔레비전의 고유한 매체적 특성을 오페라적 서사와 음악 구조에 적극적으로 통합하는 실험이다. 이런 점에서 〈이혼〉의 지향점은 매체의 한계를 극복하려는 것이 아니라 매체 자체를 창작의 핵심 요소로 받아들여 소프 오페라의 옷을 입고 나타난 오페라를 창작하는 것이라 할 수 있다.

이처럼 〈이혼〉은 단순히 오페라를 대중화된 형태로 변형하는 데 그치지 않고 매체의 특성과 서사적 관습을 적극적으로 통합함으로 오페라의 의미와 범위를 확장하려는 시도를 담고 있다. 전통적인 무대 오페라가 발전시켜 온 음악적 극화와 감정의 응축을 기반으로 하면서도 일상적 접속과 4일에 걸친 연속적 시청을 통해 감정적, 미학적 여운이 서서히 확장되는 새로운 형태의 예술 실천으로 자리매김하고자 했다. 이는 오페라가 어떻게 변화하는 미디어 환경 속에서 생존할 수 있는지, 그리고 어떤 방식으로 감각적·정서적 소통을 재구성할 수 있는지를 보여주는 동시대적 사례로 평가할 수 있다.

맺음말: 매체 전환기 오페라의 새로운 가능성

〈이혼〉은 소프 오페라라는 텔레비전 장르가 가지고 있는 일상성을 오페라적 음악과 서사의 틀 안에서 결합함으로써, 오페라의 본질적 미학을 대중적 장르와 결합 가능한 것으로 재정립한다. 특히 이 작품은 클리프행어와 복합적 인물관계라는 소프 오페라의 서사 전략을 희가극 구조에 접목하고, 절충적 창법과 다양한 음악 양식을 통해 텔레비전 매체에 최적화된 새로운 오페라 언어를 구축했다. 이는 오페라 미학이 거실로 상징되는 텔레비전만의 친숙한 생활 세계와 어떻게 접점을 만들어낼 수 있는지를 보여주는 시도로 해석할 수 있다.

결과적으로 텔레비전 연속극 오페라 〈이혼〉은 전통적으로 이야기되는 '오페라적'인 작품은 아닐지라도 현시대의 대중적 오페라의 모습을 잘 보여주는 예시 중 하나이다. 오페라는 음악과 연극, 무용, 기술이 결합된 종합예술로서의 의미도 존재하는 한편 제도로서, 문화적 관행으로서, 예술 형식으로서 등 다양한 정의로 존재하며 여전히 유동적이고 발전 중인 개념이다. 특히 기술 발달로 기존의 극장, 가수, 관객과의 관계가 크게 변화하여 줌(Zoom) 오페라나 가상현실 오페라 등 기존의 오페라 개념으로는 정의되지 않는 작품들도 등장하고 있다. 본 분석에서 다룬 〈이혼〉 또한 이러한 흐름 중 하나로, 현대 매체이자 일상적 환경에서 소비하는 매체인 텔레비전을 통해 관객을 만나는 오페라의 현대적 변용이라고 할 수 있다.

텔레비전의 등장은 오페라에 위기이면서도 기회였다. 여러 작곡가가 텔레비전이 다다를 수 없는 '오페라'만의 공연예술적 특성을 깊이 탐구한 한편, 다른 작곡가들은 텔레비전의 매체성을 실험하거나 대중 매체로서 가지는 장점에 집중하여 텔레비전과 동행하는 새로운 오페라 형태를 구상했다. 〈이혼〉또한 텔레비전식 서사 전개와 사운드의 특성을 활용하여 미디어 시대에 맞는 오페라를 시도했다. 그렇기에 이 작품에 오페라의 어떤 것이 부재하는지보다도 오페라의 어떤 특징을 가지고 텔레비전과 접목했는지 관찰하는 것이 중요하다.

〈이혼〉은 전통적 오페라의 시선에서 보았을 때 다소 엉뚱하게 느껴질 수 있지만, 이러한 장르적 실험이야말로 매체 전환기에 오페라가 자신의 정체성을 재정의하는 핵심적 과정이라 할 수 있다. 이 작품은 오페라가 극장이라는 물리적 공간에서 벗어나 새로운 매체 환경에서도 고유한 예술적 가치를 구현할 수 있음을 입증했으며, 특히 서사와 음악의 균형점을 재조정하여 텔레비전 뮤지컬과는 구별되는 독자적 영역을 구축했다는 점에서 의의가 크다. 나아가 텔레비전의 특성이 스트리밍 플랫폼을 통해 지속되고 있는 현재 상황을 고려할 때, 〈이혼〉이 보여준 매체 적응 전략은 향후 디지털 환경에서의 오페라 창작에도 중요한 참조점을 제공할 것으로 기대된다.

참고문헌

남명희. "영화와 TV 시리즈의 내러티브 구조와 수용에 관한 연구." 한양대학교 박사학위논문, 2007.

Adler, Peter. "Opera on Television: The Beginning of an Era." *Musical America* 72/ 3 (1952): 18.

Aronowicz, Andrew. "The Divorce: Putting the Opera into the Soap." *Limelight*, 2025. https://limelight-arts.com.au/features/the-divorce-putting-the-opera-into-the-soap/#:~:text=both%20stage%20and%20screen%2C%20plus,Smith. [2025년 6월 1일 접속].

Barnes, Clifford. "Vaudeville." In *Grove Music Online*. Oxford: Oxford University Press, 2001. https://www-oxfordmusiconline com.eux.idm.oclc.org/grovemusic/view/10.1093/gmo/9781561592630.001.0001/omo-9781561592630-e-0000029082. [2025년 4월 20일 접속].

Barnes, Jennifer. *Television Opera: The Fall of Opera Commissioned for Television*. Woodbridge, Suffolk: The Boydell Press, 2003.

BBC Genome. "First Public Presentation of Excerpts from 'Mr. Pickwick.'" *BBC Programme Index*. https://genome.ch.bbc.co.uk/fe8762dc7dd24696ba2b40f070102ba5. [2025년 4월 21일 접속].

Böhn, Andreas and Andreas Seidler. 『매체의 역사 읽기: 동굴벽화에서 가상현실까지』. 김연수·송희영 옮김. 서울: 문학과지성사, 2020.

Branscombe, Peter, and Clive Chapman. "Pantomime." *In Grove Music Online*. Oxford: Oxford University Press, 2001. https://www-oxfordmusiconline-com.eux.idm.oclc.org/grovemusic/view/10.1093/gmo/9781561592630.001.0001/omo-9781561592630-e-0000020834. [2025년 4월 20일 접속].

Burke, Richard Cullen. "A History of Televised Opera in the United States." Ph.D. Diss., University of Michigan, 1972.

Caldwell, John Thornton. *Televisuality: Style, Crisis, and Authority in American Television*. New Brunswick: Rutgers University Press, 1995.

Jacobs, Jason, and Steven Peacock. *Television Aesthetics and Style*. London: Bloomsbury, 2013.

Morris, Christopher. *Screening the Operatic Stage: Television and Beyond*. Chicago: University of Chicago Press, 2024.

Opera Australia. *2015 Annual Report*. Opera Australia, 2015. https://opera.org.au/app/uploads/2020/04/opera-australia-2015-annual-report.pdf. [2025년 4월 21일 접속].

Rusak, Helen. "The Divorce: A Soap Opera." In *Opera, Emotion, and the Antipodes. Compositions and Performances*, vol. II, edited by Jane W. Davidson, Michael Halliwell, and Stephanie Rocke, 90-110.

London: Routledge, 2022.

미주

1. Helen Rusak, "The Divorce: A Soap Opera," essay, in *Opera, Emotion, and the Antipodes. Compositions and Performances*, ed. Jane W. Davidson, Michael Halliwell, and Stephanie Rocke, vol. II (London: Routledge, 2022), 94-98.

2. Opera Australia, rep., *2015 Annual Report* (Opera Australia, 2015), https://opera.org.au/app/uploads/2020/04/opera-australia-2015-annual-report.pdf. [2025년 4월 21일 접속].

3. Andreas Böhn and Andreas Seidler, 『매체의 역사 읽기: 동굴벽화에서 가상현실까지』 (서울: 문학과지성사, 2020), 208-209, 218-221.

4. 보드빌과 팬터마임 모두 음악이 동반된 연극 오락 장르이다. 보드빌은 19세기 후반부터 20세기 초반까지 미국에서 유행한 대중 공연 형식으로, 다양한 짧은 코미디, 노래, 마술, 곡예 등을 엮어 구성된다. 팬터마임은 유럽에서 발전한 연극 스타일로, 영국에서는 대사와 노래, 춤, 코미디가 결합된 가족극으로, 프랑스에서는 몸짓과 표정만으로 이야기를 전달하는 무언극 형태로 발전했다; Peter Branscombe and Clive Chapman, "Pantomime." in *Grove Music Online*. (Oxford: Oxford University Press, 2001), https://www-oxfordmusiconline-com.eux.idm.oclc.org/grovemusic/view/10.1093/gmo/9781561592630.001.0001/omo-9781561592630-e-0000020834. [2025년 4월 20일 접속]; Clifford Barnes, "Vaudeville." in *Grove Music Online* (Oxford: Oxford University Press, 2001), https://www-oxfordmusiconline-com.eux.idm.oclc.org/grovemusic/view/10.1093/gmo/9781561592630.001.0001/omo-9781561592630-e-0000029082. [2025년 4월 20일 접속].

5. BBC Genome, "First Public Presentation of Excerpts from 'Mr. Pickwick,'" BBC Programme Index, accessed September 1, 2023, https://genome.ch.bbc.co.uk/fe8762dc7dd24696ba2b40f070102ba5. [2025년 4월 21일 접속].

6. Richard Cullen Burke, "A History of Televised Opera in the United States," (University of Michigan 박사학위논문), 1-2.

7. Jennifer Barnes, *Television Opera: The Fall of Opera Commissioned for Television* (Woodbridge, Suffolk: The Boydell Press, 2003), 1-2.

8. Jennifer Barnes, *Television Opera: The Fall of Opera Commissioned for Television*, 20-21.

9. 텔레비전의 특성은 현대까지도 활발히 연구되고 있으며, 다양한 시각에서 탐구되고 있다. 텔레비전의 특성과 시각적 미학에 대해 연구한 대표적 저서는 아래와 같다; John Thornton Caldwell, *Televisuality: Style, Crisis, and Authority in American Television* (New Brunswick: Rutgers University

Press, 1995).

Jason Jacobs and Steven Peacock, *Television Aesthetics and Style* (London: Bloomsbury, 2013).

10. Peter Adler, "Opera on Television: The Beginning of an Era," *Musical America* 72/ 3 (1952): 29.

11. Jennifer Barnes, *Television Opera: The Fall of Opera Commissioned for Television*, 103-106.

12. Horace Newcomb, *TV: The Most Popular Art* (Anchor Books, 1974), 164-166.

13. 남명희, "영화와 TV 시리즈의 내러티브 구조와 수용에 관한 연구," (한양대학교, 박사학위논문, 2007). 42.

14. https://limelight-arts.com.au/features/the-divorce-putting-the-opera-into-the-soap/#:~:text=both%20 stage%20and%20screen%2C%20plus,Smith [2025년 6월 1일 접속].

15. Christopher Morris, *Screening the Operatic Stage : Television and Beyond*. (University of Chicago Press, 2024), 109-158

제9장

전자음악으로 구현된 신적인 목소리
에두아르도 렉 미란다의 〈람페두사〉(2018)

글 · 김예림

〈작품 정보〉

음악: 에두아르도 렉 미란다(Eduardo Reck Miranda, 1963-)

원작: 셰익스피어 『템페스트』

대본: 에두아르도 렉 미란다

초연: 2019년 2월 23일, 플리머스 대학교

구성: 3막

1. 21세기 템페스트

2. 시코락스, 아리엘, 칼리반

3. 세 인물, 그리고 목소리

4. 맺음말

전자음악으로 구현된 신적인 목소리
에두아르도 렉 미란다의 〈람페두사〉(2018)

글 · 김예림

목소리는 한 개인의 기분과 상태를 보여주며, 사회적 위치와 권력을 표현하는 하나의 도구로 사용된다. 그만큼 삶에서 목소리는 큰 비중을 차지한다. 그러나 일상생활 속에서 목소리는 너무나도 자연스러운 것으로 받아들여지기 때문에 우리는 종종 '목소리'에 대한 존재를 잊고는 한다. 그러나 21세기 테크놀로지 활용의 선두를 달리고 있는 작곡가 에두아르도 미란다(Eduardo Reck Miranda, 1963-)[1]는 오페라 〈람페두사〉(*Lampedusa*, 2018)를 통해 시코락스(Sycorax), 아리엘(Ariel), 칼리반(Caliban)이라는 세 인물에 서로 다른 '목소리'를 부여함으로써 '목소리'에 대한 존재와 그 의미를 다시금 환기시킨다. 이 작품에서 '목소리'가 왜 중요할까? 오페라 속 목소리는 일상 속 목소리와 다를까?

예를 들어보자. 목소리는 "그 사람의 모든 존재와 의미를 담고 있는 음"으로 이루어져 있다.[2] 신경심리학자 올리버 색스는 책 『아내를 모자로 착각한 남자』 중 '대통령의 연설' 부분에서 언어와 발화에 대한 이야기를 한다. 언어와 발화 신경 부위를 다친 환자들의 경우 발음을 정확하게 하지 못하거나 원하는 소리를 만들어내지는 못할 수 있지만 "인간의 목소리에 담긴 모든 표정, 즉 말투, 리듬, 박자, 음악성, 미묘한 억양, 음조의 변화, 높낮이 등"을 통해 다른 사람이 말하는 이야기의 뜻을 기가 막히게 이해하고 파악한다.[3] 다시 말해, 신경학적 병 때문에 타인의 발화 단어를 이해하지 못하더라도 목소리를 통해 그 사람이 거짓말을 하는지, 진실을 전하는지, 사랑 혹은 증오의 말을 쏟아내는지 등 다 느낀다는 것이다. 그럼에도 우리는 목소리에서 소리에 집중하기보다는 만들어지는 언어에 집중해 이를 통해서만 의사소통을 할 수 있다고 착각하곤 한다.

신경병리학적 관점에서뿐만 아니라 목소리는 일상생활에서도 중요한 위치를 차지한다. 저널리스트 존 콜라핀토는 책 『보이스』에서 자신이 목소리를 잃을 뻔했던 경험을 들려주는데, 여기서 목소리의 중요성이 드러난다. 상처로 인해 바뀐 목소리는 "우리가 인식할 수 없는 방식으로 삶에 영향"을 미치고 있다는 것이다.[4] 콜라핀토의 바뀐 목소리는 다른 사람으로 하여금 그에 대한 새로운 정체성을 형성하였다. 이러한 예시를 통해 콜라핀토는 목소리가 "근본적인 정체성을 나타내는 핵심적인 단서"로 작동하고 있음을, 그리고 이것이 일종의 "청각적 지문"으로서 사용되고 있음을 피력하였다.[5]

이렇게 목소리는 자기 자신을 드러내거나, 타인과 자신을 구별하거나, 언어 속 숨겨진 의미를 파악할 수 있게 하는 등 삶 속에서 많은 영향을 끼치고 있다. 그리고 더 나아가 개인이 소유한 개별적이고 독특한 목소리는 그가 나아가고자 하는 방향과 신념을 보여줄 수 있다. 즉, 목소리는 개인의 '정체성'이라는 커다란 의미를 담고 있다.

에두아르도 미란다의 〈람페두사〉에 등장하는 세 인물, 시코락스, 아리엘, 칼리반은 각각 다른 목소리를 갖고 있다. 전자음으로 표현되는 목소리가 있는가 하면, 오로지 인성(人聲)으로만 자기 자신을 표현하는 목소리도 있다. 이들의 정체성은 어떤 신념과 배경을 가졌는지, 그리고 어떤 욕망과 힘을 가지고 있는지에 따라 제각각 다른 목소리로 표현된다.

이에 이 글에서는 오페라 〈람페두사〉에서 나타나는 목소리의 역할과 의미를 다음과 같은 구체적인 질문을 중심으로 탐구하고자 한다. 첫째, 셰익스피어의 『템페스트』를 재해석하고 프리퀄을 새롭게 창조하는 과정에서 미란다는 전자음악을 통해 어떻게 인간 너머의 목소리를 표현했을까? 그리고 이 새로운 표현 방식이 가진 매력, 즉 미적 특성은 무엇일까? 둘째, 시코락스, 아리엘, 칼리반이라는 세 인물의 음악적 표현에서 나타나는 전자음악과 전통 아리아의 대비는 각 인물의 정체성과 어떻게 연결될까? 셋째, 결국 디지털 기술을 통한 음성의 변화와 합성이 아리엘과 같은 신비로운 힘을 가진 존재의 현대적 재현에 어떻게 기여하는가? 그리고 이러한 기법이 21세기 오페라의 새로운 표현 가능성을 어떻게 확장하는가? 이와 같은 질문으로부터 출발하여 오페라 〈람페두사〉를 살펴보고, 이 오페라에 등장하는 인물이 가진 목소리에 집중하여 작품의 미적 의미를 짚어보고자 한다.

1. 21세기 템페스트

〈람페두사〉는 2019년 2월 23일 플리머스 대학교에서 '영국 현대음악 창작 페스티벌: 멀티버스'(Contemporary Music Festival 2019, MULTIVERSE)라는 주제 아래에 초연되었다.[6] 〈람페두사〉는 셰익스피어의 명작 『템페스트』에 앞서 일어난 사건들을 상상력을 동원해 풍부하게 재구성한 오페라다.

람페두사는 셰익스피어의 『템페스트』에 등장하는 신비로운 섬으로, 오페라 〈람페두사〉의 이야기는 프로스퍼로와 미란다가 도착하기 전인 16세기 말이나 17세기 초에 일어난다고 가정된다.[7] 이 섬은 보이지 않는 음악적 생명체들이 서식하는 금단의 땅으로 묘사되며, 이곳의 음악이 사람들을 광기로 몰아넣을 수 있다고 여겨진다. 전설에 따르면 사이렌(siren)들이 이곳에서 음악적 생명체들의 마법 같은 노래 기술을 배운다고도 전해진다.[8] 이 오페라의 내용은 다음과 같다.

> 시코락스는 스페인 카탈로니아의 종교재판을 피해 알제리로 도망친 세파르디 유대인으로, 오란 시에 정착했다. 그러나 오란이 스페인에 점령되자, 스페인 여왕이 오란의 모든 유대인과 무슬림에게 가톨릭으로 개종하거나 박해와 종교재판에 세워질 것을 공표했다. 이런 상황에서 시코락스는 밀라노의 대주교 베네데토와 연인 관계가 되어 임신하게 되었지만, 그는 이 관계를 부인하고 시코락스가 마법으로 자신을 유혹했다며 마녀로 고발한다. 종교재판소는 악의적으로 시코락스 아이의 아버지가 악마라고 선언하고 화형에 처하도록 선고한다. 이에 상인이자 선원이었던 무스타파는 시코락스를 불쌍히 여겨 종교재판관들로부터 그녀가 탈출하도록 도와주었으며, 베니스로 향하는 자신의 배에 태우지만, 람페두사 섬 근처에서 폭풍에 의해 배가 난파되면서 시코락스는 섬의 해변으로 밀려나게되었다.[9]

이 작품은 셰익스피어의 『템페스트』에서 단편적으로만 언급되는 마녀 시코락스의 삶을 중심으로 펼쳐진다. 즉, 원작에서 시코락스는 이미 죽은 상태이자 섬에 살았던 과거의 인물로 묘사되며, 칼리반(Caliban)의 어머니로 간략하게 소개될 뿐이지만, 작곡가 미란다는 시코락스의 이야기

그림 1. 보브(Vov)언어 중 일부

VŌV	ENGLISH TRANSLATION
ACT 1	
Choir	
Ēr gigīmvā hīr mi.	All your desires are here.
lal slõ.	Find us.
lal svā.	Find you.
Lā. Õ. Rē. Lõ.	Sun. Sea. Earth. We.
Qas. Sok. Bər. Gok.	Cold. Hurt. Hunger. Thirst.
Rē. Mā. Nī. Vā.	Land. Time. Good. You.
Mā hūl. Mā aur.	Time is born. Time dies.
Mā hak.	Time is blind.
Qētlō mvā.	We speak to you.
Lailō mvā.	We sing for you.

를 창의적으로 확장한 것이다.

이러한 이야기를 배경으로 한 오페라 〈람페두사〉는 총 26분 길이의 3막 구성으로 이루어져 있다. 메조소프라노와 바리톤, 무용, 전자음악 그리고 합창과 영상으로 이루어져 있어 현대식 종합예술작품의 형식을 보인다. 또 특이한 점은 영어나 이탈리아어, 독일어, 혹은 스페인어나 포르투갈어를 사용하지 않고 아예 새로운 언어인 보브(Vov) 언어[10]를 사용한다[그림 1].

2. 시코락스(Sycorax), 아리엘(Ariel), 칼리반(Caliban)

이제 오페라에서 중심 역할을 하는 인물, 시코락스, 아리엘, 그리고 칼리반의 극 중 성격과 무대 위 표현장치에 대해서 살펴보자. 세 인물의 성격은 의상과 음악적 표현 구분을 통해 제시된다. 또한 무대 위에 투사되는 영상의 이미지가 인물의 의상과 맥락을 같이하면서 인물의 정체성을 한층 강화한다.[11]

먼저 주인공인 시코락스는 유럽의 마녀사냥으로 인해 도망가다 람페두사 섬에 정착한 인물로 등장한다. 섬에 처음 도착할 당시의 시코락스는 평범한 인간이었지만 점차 아리엘에게 홀려 신비로운 음악의 힘을 배우면서 마녀로 변한다. 이에 그녀의 모습은 평범한 사람처럼 보이면서도 마녀이자 신비한 마법을 사용하는 인물로 그려진다. 이러한 그녀의 모습을 시각적으로 표현하기 위해 여러 색이 섞인, 그리고 마녀를 상징하는 큰 모자가 달린 망토 형식의 옷을 걸치고 나온다[사진 1].

사진 1. 시코락스 의상

아리엘은 사이렌의 전신이라고 칭해지기도 하는 신원미상의 존재이며, 신비로운 음악적 힘, 다시 말해 아리엘이 내는 소리로 무엇이든지 할 수 있는 힘을 가진 존재로 표현된다. 아리엘이 갖고 있는 마법의 능력을 표현하기 위해 옷에 내장 센서를 부착하여 드러낸다(사진2-a). 이러한 의상에 더하여 아리엘이 무대 위에 등장할 때 사이렌의 특징인 물과 새의 이미지가 무대 위 스크린에 동시에 재생된다. 이는 아리엘이라는 인물이 함축하고 있는 이미지를 한층 더 강화하는 역할을 한다[사진 2-b].

사진 2. a. 아리엘 의상 b. 물과 새의 이미지

마지막 등장인물인 칼리반은 시코락스의 아들이자 인간이 가질 수 있는 탐욕의 끝, 욕망으로 가득 찬 인간으로 그려진다. 그의 욕심많은 모습은 추악하고 인간적인 도덕성이 결여된 듯한 반인반수(혹은 반인반어)의 괴물로 표현되는데, 이때 그의 의상은 인간이지만 인간답지 않은 특성을 표현하기 위해 미끌미끌한 질감의 옷으로 구현되었다[사진 3]. 또한 의상과 함께 해양 괴생물체와 인간다움 사이의 모습을 시각적으로 강화하기 위해 무대 위 스크린에 항상 물, 즉 강과 바다의 이미지가 항상 함께 재생된다.

이처럼 세 인물에게 부여한 극 중 성격은 의상과 무대 위 스크린 영상을 통해 한층 더 도드라지게 표현된다. 이는 소리를 통해 청각적으로 그들의 성격을 표현하기 이전에, 시각적으로 인물의 상징과 외형적 특성을 관객에게 노출시킴으로써 극의 흐름을 미리 포착하는데 도움을 준다. 또한, 인물이 어떤 목소리를 가질지에 대한 시각적 단서가 되기도 하며, 목소리로만 알아채기 어려운 인물의 성격 및 욕망의 변화를 알아챌 수 있게 만들어주는 하나의 극적 장치로 작동

사진 3. 칼리반 의상

사진 3. 칼리반 의상

한다. 특히, 오페라 〈람페두사〉는 우리가 알아들을 수 있는 언어로 되어 있는 것이 아닌 새로운 언어, 보브 언어로 되어 있기 때문에, 청각적 장치 외의 이와 같은 시각적 장치가 극의 흐름이 어떻게 진행되어가고 있는지 명확하게 보여준다.

3. 세 인물, 그리고 목소리

오페라 〈람페두사〉는 영상과 전자음악 그리고 세 인물의 노래와 안무, 그리고 합창이 어우러져 진행됨에 따라 총체적으로 이야기가 진행된다. 여기서 세 인물이 음악적으로 형상화되는 방식, 그리고 그들의 목소리는 〈람페두사〉를 이해하는 것에 있어 핵심적 장치로 작용한다. 이러한 맥락에서 시코락스, 아리엘, 칼리반이 노래하면서 만들어내는 소리의 의미도 주목해 볼 필요가 있다. 따라서 이번 장에서는 〈람페두사〉의 각 막의 내러티브와 인물의 음악적 특징을 살펴보자.

오페라 〈람페두사〉는 3막으로 이루어져 있다. 1막에서는 람페두사 섬에서 정신을 차린 시코락스가 아리엘의 소리를 들으며 극이 진행된다. 아리엘은 노래로 시코락스를 유혹하고, 결국 시코락스는 음악 소리에 홀려 유혹에 넘어간다. 2막에서는 시코락스의 아들 칼리반이 등장하는데, 그는 시코락스와는 다르게 아리엘의 노래를 듣지 못하며 방황하는 모습이 그려진다. 지극히 인간적인 면모를 보이며 시코락스가 계획하는 복수가 성공해 인간적인 시선으로 섬을 지배하고 싶어하는 모습을 드러낸다. 3막에서는 아리엘들이 시코락스에게 선물했던 마법의 능력을 없애기 위해 노력하지만, 오히려 시코락스의 강력한 마법에 의해 능력을 잃고 나무더미 안에 갇히게 되는 모습이 그려진다. 이후 시코락스는 자신을 종교재판에 세웠던 자들에게 복수를 하러 가기 위해 육지로 나가는 모습을 끝으로 막을 내린다.

(1) 아리엘

아리엘은 주인공 시코락스를 계속해서 유혹한다. 그 유혹을 통해 시코락스의 욕망, 즉 육지로 나가 자신을 불행하게 만든 사람들을 복수하려는 욕망을 건드릴 수 있는, 그리고 실제로 내러티브 상 그 욕망을 건드리는 신비한 능력을 가진 존재로 그려진다. 아리엘의 유혹은 전자음과 무용가의 몸짓으로 그려지는데, 이 글에서는 소리에 집중하여 이야기하고자 한다.

먼저 아리엘의 특징을 짚어보자. 아리엘의 배경 설명에는 '사이렌'과 연결된다.[12] 또한 막 설명에서도 아리엘이 시코락스를 유혹한다는 점에서 사이렌과 유사한 특징을 갖고 있다고 볼 수 있을 것이다. 뿐만 아니라 셰익스피어의 『템페스트』에서도 아리엘이 등장하면서 마법적 힘을 가지고 있으며, 소리를 통해 극중 인물들을 농락하는 모습이 등장한다. 이러한 다양한 모습들이 존재하기 때문에 아리엘은 사이렌과 유사해 보인다. 이제 이러한 아리엘과 사이렌의 유사한 특징들을 가져와 오페라에서 제시되는 음악과 연결 지어보자.

아리엘은 음악의 감각적 위력과 초월성을 가진 존재라고 상정할 수 있다.[13] 또한 극 중에서 전자음악으로 묘사되는 아리엘의 소리는 『템페스트』에서의 묘사인 "으르렁 소리, 비명소리, 울부짖는 소리, 짤랑짤랑하는 쇠고리 소리와 그 이외의 여러 가지 몸서리나는 소리들"[14]과 유사하게 제시된다. 오페라 1막이 시작할 때 아리엘의 등장과 함께 제시되는 이 전자음들은 아리엘의 움직임에 맞추어 계속 반복되어 나오는데, 이 음성은 여성이나 남성의 목소리도 아닌 전자음의 애매한 목소리로 제시된다. 이것은 다른 소리를 컴퓨터로 합성하여 나열한 것이면서도 사람 목소리에 미디를 입혀 만든 것과 같은 이질적인 소리로 이루어져 있다. 그리고 이러한 목소리를 통해 아리엘이 '음악의 빛'이자 '춤의 바람'과 같은 다양한 단어를 통해 아리엘 자신들의 목소리에 대한 매혹적이고 감미로움을 직접적으로 드러낸다[표 1].

표 1. 1막 아리엘과 시코락스의 듀엣 중 일부 (mm 126-128).

Lō vik gilai,	We are the Lights of Song,	우리는 노래의 빛이자,
Lō as gisai.	The Winds of the Dance.	춤의 바람이지.
Kinlīk svā mvēm nanahloi!	We will teach you our ways!	우리의 방식을 너에게 알려줄게!

2) 시코락스

시코락스는 음악적으로 미묘하지만 큰 변화를 맞이하는 인물이다. 아리엘에게 유혹을 당하는 만큼 시코락스의 목소리는 마지막 막으로 갈수록 다른 정체성을 갖는다. 즉, 아리엘을 통해서 평범한 인간이었을 때는 가질 수 없었던 음악적 능력을 찾아나가며, 시코락스의 변화된 모습은 새로운 음악 형식으로 특징지어진다. 결국 물려받은 그 능력을 갖고 욕망과 본능을 실현, 즉 복수를 꿈꾼다. 그리고 이와 같은 모습은 아리아의 전통적 선율과 파편화된 현대음악 선율 그리고 전자음악이 결합된 모습으로 나타난다.

1막의 첫 등장에서는 인간의 목소리로, 어느 전통 오페라와 다를 것 없이 아리아를 부른다. 그저 '공기 중에 소리가 가득 찼다'라는 가사를 통해 시코락스가 아리엘의 소리를 들을 수 있다는 것만을 유추하며, 전통적인 아리아 선율로 부른다[악보 1].

악보 1. 1막 시코락스 솔로 아리아, mm 51-79

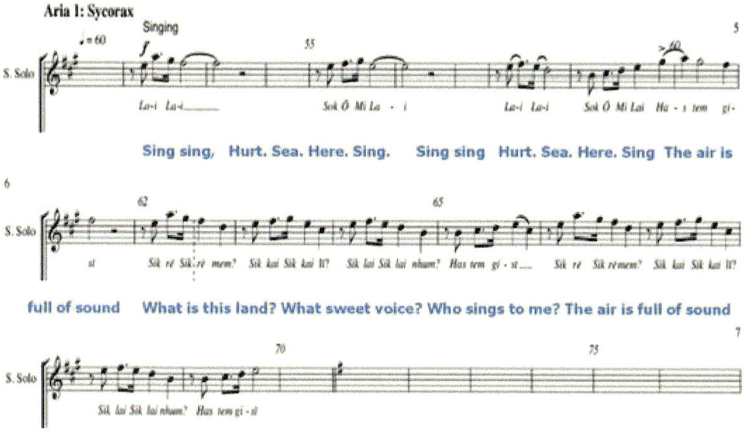

그러나 점차 시코락스는 아리엘의 유혹의 소리를 참지 못하고 아리엘과 같은 존재가 되기를 결심하게 된다. 아리엘의 '제대로 말하라, 너는 노래를 하지 않느냐 / 이곳에 온 이유가 심연의 노래를 하는 자가 되기 위한 것이 아니냐'(Mas gibōl! / Ī laivā! Līlu , Gitvaur nhūl, Ndālu ginōv? - Speak truly! / Yet you sing! Sweet on. Did you come)고 묻는 유혹의 말에 점차 시코락스의 목소리를 변화시킨다. 앞서 1막의 첫 부분에서는 전통적인 오페라 아리아 선율을 띠고 있었다면, 아리엘의 유혹에 넘어가게 되면서부터는 파편적으로 나열된 선율을 부르며, 이 파편적 선율은 아리엘의 선율과 융화되어 제시된다[악보 2].

악보 2. 1막 시코락스와 아리엘의 듀엣, mm 102-129

Figure 3.
Sycorax's part for the duet with Ariel in act 1.

이후 시코락스는 아리엘의 유혹에 완전히 빠져버리고, 아리엘의 능력을 사용할 수 있게 된다. 아리엘의 노래처럼 시코락스의 목소리에도 마법의 능력과 힘이 생긴 것인데, 이는 아리엘의 목소리에서만 나왔던 전자음이 시코락스의 파편화된 아리아 선율을 보조하기 시작한다. 또한 아리엘과의 대립 장면에서 나왔던 전자음이 아리엘의 힘 봉인 이후에도 계속해서 시코락스의 등장과 함께 제시된다. 덧붙여 무대에는 시코락스 위에 덧입혀지는 새 이미지(아리엘의 이미지)가 함께 떠오르면서 완벽히 시코락스의 목소리가 변화되었음을, 그리고 그녀가 새로운 힘을 가지게 되었음을 암시한다. 다만, 시코락스의 노래와 함께 제시되는 전자음악이 아리엘처럼 명확한 단어로 제시되지 않고 모호한 음성으로 제시된다는 점에서 다르다.

(3) 칼리반

아리엘과 시코락스는 전자음 형태의 음악을 부르기도 하고, 서로 그 소리를 알아듣기도 하지만, 시코락스 아들 칼리반은 전혀 그렇지 못하다. 그는 극 중에서 음악적 능력이 없는 인간으로 그려지며, 아리엘의 노래와 시코락스의 변화된 목소리를 제대로 인지하지 못한다.

2막에서의 칼리반 아리아, '이 소리, 엄마의 노래가 지속되고 있어. 엄마가 그 누구에게도, 또 아무것도 아닌 것에 말을 하고 노래를 해'에서 칼리반의 능력을 유추할 수 있는 것이다. 여기

'이 소리'가 나오는 부분(m23)에서는 앞에서부터 전자음악이 흘러나오고 있으나, 칼리반은 '이 소리'를 '소음(noise)'로 생각하며 노래로서는 아무것도 들리지 않는 것이다[악보 3].

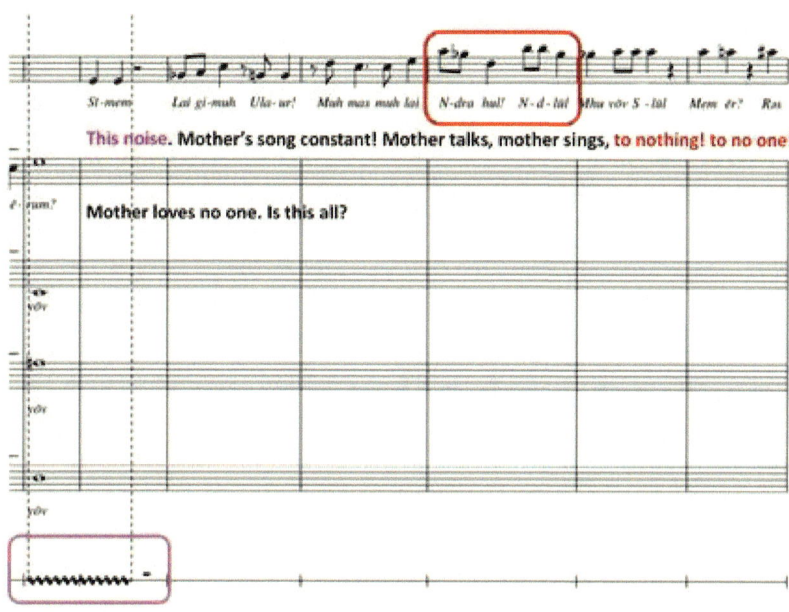

악보 3. 2막 mm23-28

막의 마지막 부분에서도 마찬가지로 칼리반은 소리를 전혀 이해하지 못하는 모습을 보인다. 칼리반은 시코락스가 섬을 떠나고 난 이후 '이제 바람도 불지 않고 육지로부터 오는 것도 없어. 음악이 없어'를 반복합니다. 하지만 해당 아리아를 부를 때 전자음악을 계속 흘러나오지만, '음악이 없어'를 외칠 때는 소리가 완전히 사라진다. 이러한 부분으로부터 칼리반은 음악을 제대로 듣지도, 이해하지도, 그리고 말하지도 못하는 인물로 이해할 수 있다.

이처럼 인물의 성격과 특징에 따라 전자음이 사용되거나 사용되지 않는다. 또한 극 중에서 인물이 가진 능력에 따라 해당 소리를 듣고 이해하는 능력이 있거나 없을 수 있다. 여기서 바로 전자음악만이 구현할 수 있는 모습이 담겨있다. 아리엘과 같은 신비한 존재를 어떻게 표현할 수 있을까? 미란다는 〈람페두사〉에서 일반적인 사람과 그렇지 않은 사람을 구분하는 표현법으로 전자음을 사용한다. 어찌 보면 현대 음악에서는 어디에서나 쓰일 수 있는 전자음이지만, 오페라에 가져와 인물의 성격과 결합함으로써 미지의 존재를 더 드러낼 수 있는 방법으로 사용한 것이다. 이를 통해 미란다는 인물을 전자음의 사용을 통해 철저하게 나누고, 극의 흐름에 몰입하도록 만들었다.

맺음말

표 2. 1막 아리엘과 시코락스의 듀엣 중 일부 (mm 126-128).

[Ariel]	[아리엘]
Ī gitvā gīm vdak!	그러나 너는 목적을 가지고 이 섬에 왔어!
Kaivā, kailī…	너의 목소리, 달콤한 목소리
Gitvaur ndā,	부르는 자들과
Ulvaur?	함께하지 않을래?
…	…
[Sycorax]	[시코락스]
Silmaur s s r, hīnimik.	당신을 알게되어 너무 기쁩니다
Nanah sik qen…?	이것은 무슨 방법인가요…?

무대 위 각기 다른 인물의 목소리는 음악과 결합되면서 인물의 성격과 능력을 부각한다. 마법의 힘을 가진 인물인 아리엘과 시코락스는 전자음악으로 구현되며, 시코락스의 아리아는 전통적 아리아 선율에서부터 점차 파편적인 선율까지 변화하며 전자음이 덧입혀진다. 반대로 인간적인 성격을 지닌 칼리반의 목소리는 처음부터 끝까지 선율적 특징이 변하지 않는다. 이와 같은 인물들의 목소리는 전자음악의 측면에서도, 그리고 작품 내적으로도 중요한 위치를 차지한다.

아리엘의 목소리를 구현한 전자음은 아리엘의 언어를 의미하기도 한다. 또 언어는 아리엘의 인간을 유혹하는 도구로서 작동하기도 한다. 결국 극의 맥락에 기대어 볼 때 아리엘의 목소리는 시코락스를 유혹할 수 있을만한 초월적인 힘을 가진 것이 드러나고, 마지막에는 시코락스의 마음이 복수로 가득차게 동요하게끔 만드는 모습을 통해 신적인 능력까지도 갖고 있다는 것을 알 수 있다. 그러나, 시코락스가 아리엘이 갖고 있던 그 목소리를 가질 때에는 변형된 형태로 제시된다. 마찬가지로 아리엘에게 배운 아리엘의 언어이자 인간을 유혹하는 음악적 능력을 의

미하는 것은 동일하다고 볼 수 있으나, 오히려 시코락스는 이 목소리에 홀리자마자 자신을 마녀 사냥했던 대륙 사람들에게 복수하고자 하는 욕망과 본능이 더욱 크게 자리잡았다. 즉 1막의 섬에 온 이유를 전혀 몰랐던 시코락스는 아리엘의 능력을 받게 되면서부터 3막의 시코락스의 성격이 완전히 바뀐 것으로 해석할 수도 있을 것이다. 그리고 그 성격 변화와 함께 전자음악이 병행된다고 볼 수 있을 것이다.

그러므로 능력의 목소리를 표현하기 위해 전자음악을 다음의 두 가지 이유로 사용했다고 볼 수 있다. 먼저 전자음을 통해서 새로운 차원으로의 유혹을 구체적으로 형상화하기 위함이다. 사람의 목소리로 표현된 유혹은 무대 위 장치가 없으면 가사를 통해 유추하거나 무대 위 모습 등으로 유추해야 한다. 하지만 전자음을 발생시키는 기술을 도입함에 따라 외계 혹은 인간을 넘어서는 존재가 있는 듯한 청각적 이미지 제시와 유혹 묘사를 새롭게 제시할 수 있게 되었다. 다음으로 인간으로 살아갈 때의 목소리와 이것에서 벗어나 새로운 성격과 특성을 지닌 또 다른 인물로 변화되었을 때의 발화를 더욱 청각적이고 직관적으로 구체화하기 위함이다. 이는 극 중 내용을 더 극적으로, 인물의 변화를 더 효과적으로 표현할 수 있게끔 만들어 극 안에서 더 정확하고 직감적으로 인간 외의 존재, 그리고 변화된 성격을 구분할 수 있는 구분점을 찍었다고 볼 수 있다.

전자음악이 극음악에서 주는 힘은 무엇일까? 전자음악은 이전에 없던 새로운 소리를 만들어낼 수 있는, 그리고 창작자의 상상을 실현 가능케 한 매체 중 하나다. 오페라 〈람페두사〉는 테크놀로지를 사용했다는 점에서 표면적으로는 인공지능 오페라, 컴퓨터 시스템 작곡 오페라 등의 다양한 현대 오페라와 기술적으로 뚜렷하게 구분되는 점이 있다고 볼 수 없을 것이다. 오페라의 형식 안에서 다양한 이야기를 쌓았고, 그 안에서 표현에 유리한 기술을 도입했기 때문이다. 하지만, 〈람페두사〉는 고대 신화의 '사이렌 이야기'와 '셰익스피어'의 이야기를 현대로 끌어와 효과적으로 새로운 이야기를 창출해냈으며, 다양한 이야기를 〈람페두사〉 안에 겹겹이 쌓아냄으로써 현재의 관점에서 여러 가지 각도로 극을 음미할 수 있는 재미를 제공했다. 그리고 이 모든 것은 기술과 창작 언어를 통해 새로운 시도를 꾀했으며, 오페라가 점차 현대적이고 기술적으로 발전해나간다는 점을 보여주었다. 또한 이전에는 시도해 보지 못한 부분까지 활용하여 과거의 오페라와 구분을 지으며 앞으로 나아가는 모습을 제시하였다.

그렇기에 오페라 〈람페두사〉에서 보았듯 앞으로 이와 같은 오페라가 어떤 방향으로, 어떤 모습으로 창작될지 지켜보는 것은 중요할 것이다. 또 전자음악이 어떻게 사용되고, 전자음악의 음악적 위치와 이것의 목소리가 무엇인지 끊임없는 질문을 던지며 작품을 새롭게 조망해 보아야 할 것이다.

참고문헌

박윤경. "사이렌, 음악에 관한 욕망과 초월의 담화."『음악사연구회』, 2014.

셰익스피어.『더 템페스트』. 이경식 번역, 세계문학전집 6, 2009. 교보전자책.

올리버 색스. '대통령의 연설.'『아내를 모자로 착각한 남자』. 조석현 옮김, 알마, 2022.

존 콜라핀토.『보이스-목소리는 어떻게 인간의 삶을 결정하는가』. 고현석 번역, 매일경제신문사, 2022. 교보전자책.

Eduardo Reck Miranda. *Lampedusa* Programme Book.

_____. *Music Sheets*, 작곡가 직접 전달.

"David Peterson – The Evolution of Vov." https://www.youtube.com/watch?v=5TYpv_MGlns. [2025년 2월 26일 접속].

"A game of prose: inventing languages across the multiverse with Davd J. Peterson." https://www.plymouth.ac.uk/the-bridge/the-arts-and-culture-programme/music/contemporary-music-festival/david-peterson. [2025년 2월 26일 접속].

"Lampedusa: Behind the curtain." https://www.plymouth.ac.uk/the-bridge/the-arts-and-culture-programme/music/contemporary-music-festival/lampedusa-behind-the-curtain. [2025년 2월 26일 접속].

"In Conversation With Hedy Hurban and Kaz Rahman." https://www.youtube.com/watch?v=aDqUMQ_IlsY. [2025년 2월 26일 접속].

미주

1. 에두아르도 미란다(Eduardo Reck Miranda, 1963-)는 브라질 출생의 작곡가로 현재 영국 플리머스 대학교(Plymouth University)에서 음악, 컴퓨터 음악, 양자역학 컴퓨터 음악 분야 교수로 재직하고 있다. 작곡가이지만 컴퓨터 음악과 인공지능, 그리고 신경과학에 대한 끝없는 관심을 통해 컴퓨터 음악 연구를 위한 간학문적 센터(ICCMR)를 설립했고, 이 센터를 중심으로 활발한 연구활동을 해오고 있다. 또한 양자역학 음악 연구를 위해 양자역학 컴퓨터 연구소 모스(Moth)에서 연구를 진행 중에 있다. 오페라 〈람페두사〉 역시 그의 간학문적 센터 안에서 이루어진 실험 작품 중 하나이다.

2. 올리버 색스, '대통령의 연설,' 『아내를 모자로 착각한 남자』, 조석현 옮김, (알마, 2022), 146.

3. 올리버 색스, '대통령의 연설,' 『아내를 모자로 착각한 남자』, 149.

4. 존 콜라핀토, 『보이스-목소리는 어떻게 인간의 삶을 결정하는가』, 고현석 번역, (매일경제신문사, 2022), 19(15%), 교보전자책.

5. 존 콜라핀토, 위의 책, 22-23(5-6%), 교보전자책.

6. 해당 페스티벌은 BBC Singers와 함께 기획된 갈라 콘서트이며, 해당 주제에 총 3개의 작품이 무대에 올랐다. 에두아르도 미란다의 〈람페두사〉를 제외한 나머지 작품은 리나스 발타스(Linas Baltas)의 합창곡 〈일루션즈〉(Illusions)와 마르첼로 지메니스(Marcelo Gimenes)의 합창곡 〈갈림길의 정원〉(Forking Paths)이다.

7. 오페라 〈람페두사〉 프로그램북 중 "Background to the Lampedusa Story," 3.

8. 오페라 〈람페두사〉 프로그램북 중 "Background to the Lampedusa Story," 3.

9. 오페라 〈람페두사〉 프로그램북 중 "Background to the Lampeudsa Story," 3.

10. 보브(Vov)언어는 〈왕좌의 게임〉의 부족 언어를 만든 데이비드 피터슨(David Peterson)이 창작하였다. 오페라 〈람페두사〉 프로그램북 중 "Libretto," 5-10; "David Peterson – The Evolution of Vov," https://www.youtube.com/watch?v=5TYpv_MGlns, [2025년 2월 26일 접속]; "A game of prose: inventing languages across the multiverse with Davd J. Peterson," https://www.plymouth.ac.uk/the-bridge/the-arts-and-culture-programme/music/contemporary-music-festival/david-peterson, [2025년 2월 26일 접속].보브 언어는 청자가 전혀 알지 못하는 언어를 사용하기 때문에 오페라 〈람페두사〉의 신비로운 분위기가 이야기를 한층 더 부각한다.

11. 의상 디자이너인 헤디 허반(Hedy Hurban)은 시코락스와 아리엘의 의상을 색다르게 보이고 싶게 했음을 제시하였고, 의상이 주요 인물들을 묘사하는 기능으로 사용되기를 원했다. 이 장에서 나오는 사진과 내용은 모두 다음의 자료에서 인용한 것임을 밝힌다. "Lampedusa: Behind the curtain,"

https://www.plymouth.ac.uk/the-bridge/the-arts-and-culture-programme/music/contemporary-music-festival/lampedusa-behind-the-curtain, [2025년 2월 26일 접속]; "In Conversation With Hedy Hurban and Kaz Rahman," https://www.youtube.com/watch?v=aDqUMQ_IlsY, [2025년 2월 26일 접속].

12. 이 오페라의 프로그램북에서 아리엘에 관해 사이렌이라고 직접적으로 표현하지는 않지만, 배경 설명에서 사이렌이 람페두사 섬에 살고 있었다는 전설을 간접적으로 인용하는 것을 통해 아리엘과 사이렌의 연관성을 엿볼 수 있다. 오페라 〈람페두사〉 프로그램북 중 "Background to the Lampedusa Story," 3.

13. 박윤경은 "사이렌, 음악에 관한 욕망과 초월의 담화", 『음악사연구회』, (2014)에서 사이렌이 물의 판타지를 함축하고 있는 존재로 그려진다고 설명하였다. 또한 사이렌이 만들어내는 음악은 "들음에서 쾌락과 갈망이 자극되고 결국 그 댓가로 죽음과 파멸에 이르게 되는 것"으로 설명하며 음악의 초월적인 힘을 부각하였다. 결국 사이렌이 만들어내는 소리는 "음악의 감각적 위력과 초월성"을 드러내는 것이라고 설명하였다. 박윤경, "사이렌, 음악에 관한 욕망과 초월의 담화," 『음악사연구회』, (2014), 75, 88. 사이렌이 인간을 유혹한 가장 유명한 이야기로 오디세이 신화가 있다.

14. 셰익스피어, 『더 템페스트』, 이경식 번역, (세계문학전집 6, 2009), 116 (69%), 교보전자책.

저자 소개 (게재 순)

우혜언

부산대학교 사범대학 독어교육과를 졸업하고 한국예술종합학교에서 음악학 석사, 독일 뮌스터 대학교에서 음악학 박사학위를 취득했다. 현대음악, 음악미학, 음악사회학, 문화융복합 분야를 중심으로 연구 활동을 하고 있다. 다수의 논문을 비롯하여 《한국음악 20세기 1》(공저), 《작품으로 보는 음악미학》(공저), 《오페라 속의 미학 I》(공저) 등을 저술하였다.

이혜진

성신여자대학교 음악대학 작곡과 조교수로 재직 중이다. 성신여대 작곡과를 졸업하고, 서울대학교에서 음악학 석사 및 박사학위를 취득했다. 19세기 음악사, 음악미학, 그리고 한국창작음악 분야를 중심으로 연구 활동을 하고 있으며, 주요 논문으로 "19세기 후반기 '표제적 연주회용 서곡'의 장르적 의미에 관한 고찰", "리스트 교향시에 나타난 '음악과 언어의 관계변화'에 관한 고찰", "한슬리크와 19세기 후반 독일음악계" 등이 있다.

유선옥

성신여자대학교 작곡과 이론전공을 졸업하고 서울대학교에서 음악학 석사 및 박사 학위를 취득했다. 현재에는 성신여자대학교, 부산대학교, 서울시립대학교에 출강 중이며, 17-18세기 음악과 음악미학을 중심으로 연구 활동을 하고 있다. 18세기 프랑스 작곡가 라모의 〈이폴리트와 아리시〉로 박사학위 논문을 썼으며, 학술 논문으로는 "초기 계몽주의 시대의 이성과 감성: 라모의 음악비극 〈이폴리트와 아리시〉의 프롤로그에 나오는 디안과 라무르를 중심으로", 라모가 읽은 이성적 사랑과 감성적 사랑: 음악비극 〈이폴리트와 아리시〉의 아리시와 페드르를 중심으로", "라모의 음악비극 〈이폴리트와 아리시〉에 나오는 덕", "왕의 마음에 들도록 하세요: 라모의 코메디-발레 〈나바르의 공주〉의 디베르티스망에 나타나는 대비적 요소" 등이 있다.

이용숙

이화여자대학교에서 독어독문학 학사 및 석사학위를 받고 프랑크푸르트 대학에서 독문학과 음악학을 수학한 뒤 서울대학교에서 〈바그너 〈파르지팔〉의 레지테아터(Regietheater) 연구〉로 공연예술학 박사학위를 받았다. 서울대학교 대학원에서 '음악극 연구'를 강의했고 현재 홍익대학교 교수로 재직하면서 연합뉴스 문화부 전문객원기자로 활동하고 있다. 저서로 〈바그너의 죽음과 부활〉, 〈오페라, 행복한 중독〉, 〈지상에 핀 천상의 음악〉, 〈춤의 유혹〉(〈춤에 빠져들다〉 개정판), 〈사랑과 죽음의 아리아〉가 있으며 공저로는 〈클래식 튠〉, 〈오페라 속의 미학〉(I, II), 〈오페라의 위대한 여정〉이 있다. 역서로 〈책상은 책상이다〉 〈행운아54〉 〈알리스〉 〈천년의 음악여행〉 〈박쥐〉 등 40여 권이 있으며, 제6회 한독문학번역상을 수상했고 문화체육관광부 장관 표창을 받았다.

장유라

중앙대학교 음악대학 피아노과를 졸업하고, 미국 오클랜드 Holy Names 음악대학원에서 피아노교수학 석사, 중앙대학교 대학원 음악학 박사수료, 중앙대학교 대학원 철학과 (예술철학전공) 박사학위를 취득하였다. 국내, 외 다양한 연주활동을 비롯하여 중앙대학교, 서울교육대학교, 국립청주과학대학교, 전주대학교 등에서 강의하였고, 2022년 그리스 아테네에서 열린 세계미학자대회에서 한국현대작곡가에 대하여 발표, 극동정보대학 초빙전임교수를 역임하였다. (사)음악미학연구회 총서 《그래도 우리는 말해야하지 않는가: 음악의 연주, 분석, 작품의 해석》, 《베토벤의 위대한 유산》, 《한국창작음악-비평과 해석사이》 시리즈 2-7권의 공저자로 참여하였다. 현재 서울대 음악대학 대학원 음악학전공 박사과정을 수료하고 두 번째 박사논문을 준비하며 원광대학교 대학원에서 강의하고 있다.

조유경

뉴욕시립대학(CUNY) 음악학과를 졸업하고, 일본 도쿄대학에서 미학예술학을 전공하여 구스타프 말러 수용연구로 석사학위를 받았다. 그 후, 일본학술진흥회(JSPS)와 다수의 학술재단의 연구지원을 받아 "20세기 음악의 인용 및 콜라주의 시학과 정치학"을 주제로 박사학위를 취득하였다. 현재 일본학술진흥회(JSPS) 특별연구원(PD)으로 도쿄예술대학 음악연구과에서 포스트메모리 개념을 기축으로 현대음악 창작과 수용의 동태에 초점을 맞추어 전후 서양음악 문화연구에 전념하고 있다. 도쿄대학교 교양학부에 출강하고 있으며 군마현립여자대학 등 타대학에서 정기적으로 초청 강연을 하고 있다. 연구 관심분야는 정신사 및 기억연구, 전후 독일음악문화론, 글로벌 음악사 재고찰, 표상문화론 등이다.

이민희

추계예술대학교 작곡과 및 한국예술종합학교 예술전문사 음악학과를 졸업하고 서울대학교에서 논문 "디지털 미니멀 음악(Digital Minimal Music)의 양상과 미학 연구"로 박사학위를 받았다. 주요 연구 분야는 20세기 및 21세기 음악, 음악극, 오페라, 한국의 현대 음악 등이며, 해당 연구대상에 대한 비평적·미학적 작업을 등재학술지에 다수 게재했다. 대표 논문으로 "이건용 오페라에서 나타나는 한국어의 음악적 표현에 관한 연구"(2024), "독립된 음악창작 카테고리로서의 '소극장오페라'에 대한 고찰"(2021), "온-오프라인의 상호작용으로 구축되는 연쇄적 관극 문화에 관한 고찰"(2019), 저서로 『한국오페라 1950-2020 1-3』(2023, 공저), 『북 치는 소년: 박동욱의 삶과 음악』(2023, 공저) 등이 있다. 충남대학교 예술문화연구소 전임연구원 및 충남대, 추계예대 강사를 역임했으며, 현재 (사)음악미학연구회이 이사, 경북대·공주교대·한국교통대 강사, 비평웹진 멜로스의 공동대표이다.

강예린

한국예술종합학교 음악학 전공을 졸업하고, 영국 Goldsmiths, University of London의 대중음악연구(Popular Music Research) 전공에서 석사 학위를 취득했다. 이후 서울대학교 인문대학 협동과정 공연예술학 전공 박사과정을 수료하였으며, 현재 영국 에든버러 대학교 음악학 박사 과정에 재학중이다. 대중음악과 극예술 형식의 연계, 매체 뮤지컬, 디지털과 온라인 환경에서의 공연예술에 관심을 두고 연구 활동을 이어가고 있다. 『음악학 핵심 개념 96』과 『AI시대의 음악과 테크놀로지』에 각각 역자와 저자로 참여하였으며, 주요 논문으로는 'The Wonderful Wizard of Oz 다시 쓰기: 미국 흑인 뮤지컬과 The Wiz Live'가 있다.

김예림

서울대학교 음악대학 작곡과 이론전공(부전공 심리학), 동대학원 석사 후 현재 음악학 박사과정에 재학 중이다. 관심 분야는 음악과 심리학적/신경과학적 요소를 연결하는 것에 중점을 두고 있다. 특히 20-21세기 신기술을 활용한 음악에 집중하고 있으며, 현재는 바이오피드백 음악 연구를 진행하고 있다. 더 나아가 뉴로피드백 음악과 뇌-컴퓨터 음악 인터페이스 분야로 연구 범위를 좁혀, 작곡가들이 뇌파 데이터를 어떻게 다방면으로 활용하는지에 대해 탐구하고 있다.

음악미학연구회는 음악미학에 관심 있는 음악학자들과 서울대학교 음악학 전공 석·박사 학생들을 중심으로 구성된 스터디 모임이다. 정기 세미나를 통해 음악미학의 다양한 주제를 연구하는 한편, 연구서 발간을 통해 음악학을 연구하는 후속세대를 위한 학문적 토대를 마련하고 있다. 또한 현대 사회와 문화 전반에 대한 연구를 통해 음악미학의 영역을 확대하고, 음악애호가 및 대중과의 소통을 시도하고 있다.

연혁

2010년 8월	제1차 정기 세미나 개최
2010년 10월-12월	제2차-제3차 정기 세미나 개최
2011년 1월-12월	제4차-제7차 정기 세미나 개최
2012년 12월	「총서1: 음악 말보다 더 유창한 - 현대 독일·영미권의 음악미학의 논의들」 발간
2013년 1월-12월	제8차-제19차 정기 세미나 개최
2014년 1월-12월	제20차-제26차 정기 세미나 개최
2015년 6월	「총서2: 글로벌 시대의 동아시아 현대음악」 발간
2015년 1월-12월	제27차-제31차 정기 세미나 개최
2016년 8월	「총서3: 작품으로 보는 음악미학」 발간
2016년 2월- 12월	제32차- 제35차 정기 세미나 개최
2017년 7월	「총서5: 한국을 노래하는 세계의 작곡가 : 작곡가 정태봉 음악 연구」 발간
2017년 1월- 12월	제36차- 제41차 정기 세미나 개최
2017년 8월	「총서4: 오페라 속의 미학. 1 : 몬테베르디에서 진은숙까지」 발간
2017년 8월	제1회 공개 학술 포럼 〈오페라 속의 미학 I : 몬테베르디에서 진은숙까지〉 개최
2018년 1월- 7월	제42차- 제44차 정기 세미나 개최
2018년 7월	「총서6: 그래도 우리는 말해야하지 않는가: 음악의 연주·분석·작품의 해석」 발간
2018년 8월	제2회 공개 학술 포럼 〈오페라 속의 미학 II: 오페라, 낯선 사랑을 통역(通譯)하다!〉 개최
2018년 8월- 10월	제45차- 제47차 정기 세미나 개최
2018년 10월 15일	(사)음악미학연구회 사단법인 설립 〈문화체육관광부 및 문화재청 소관 설립허가 제2018-209호〉
2018년 11월 27일	제48차 공개 학술 포럼 (사)한국작곡가협회 공동주최 심포지엄 개최
2019년 2월	「비평과 해석 사이 시리즈 001 『실내악: 무한한 상상력의 락樂』」 발간
2019년 5월- 7월	제49차- 제52차 정기 세미나 개최
2019년 7월	「총서7: 오페라 속의 미학. 2 : 오페라, 낯선 사랑을 통역하다」 발간
2019년 8월	제3회 공개 학술 포럼 〈오페라 속의 미학 III: 오페라, 시대를 지휘하다!〉 개최
2019년 10월	「비평과 해석 사이 시리즈 002 『관현악: 사람과 세계의 창恋』」 발간
2019년 10월 26일	제53차 공개 학술 포럼[한국창작음악-비평과해석사이] (사)한국작곡가협회 공동주최 포럼 개최

2020년 1월 11일	제55차 정기 세미나 개최
2020년 3월 16일	「총서8: 바그너의 죽음과 부활: 음악극 연출을 통한 작품의 재탄생」 발간
2020년 6월	제56차 정기 세미나 개최
2020년 7월 10일	「총서9: 베토벤의 위대한 유산: 미학과 사회학으로 바라보기」 발간
2020년 9월	제4회 공개 학술포럼 〈오페라 속의 미학IV: 한국 오페라, 노래가 되어 날아오르다!〉 개최
2020년 10월	「비평과 해석 사이 시리즈 003『독주곡: 사고와 신념의 상想』」 발간
2020년 10월 24일	제58차 공개 학술포럼 〈한국창작음악-비평과해석사이〉 개최
2021년 1월 -6월	제59차-62차 정기 세미나 및 총회 개최
2021년 8월 27일	제5회 공개 학술포럼 〈오페라 속의 미학V: 오페라, 여성의 운명을 변주하다!〉 개최(63차)
2021년 9월 15일	「총서10: 뉴노멀의 음악. 디지털 컨버전스 음악으로 미래를 듣다」 발간
2021년 10월	「비평과 해석 사이 시리즈 004『성악곡: 음유와 서정의 화畵』」 발간
2021년 10월 23일	제64차 공개 학술포럼 〈한국창작음악-비평과해석사이〉 개최
2021년 11월 26일	「총서11: 디지털 혁명과 음악: 유튜브, 매시업, 그리고 인공지능의 미학」 발간
2022년 1월-6월	제65차-68차 정기 세미나 및 총회 개최
2022년 6월 1일	「총서12: 오페라 속의 미학: 동아시아의 목소리를 담다」 발간
2022년 9월 3일	제6회 공개 학술포럼 〈오페라 속의 미학VI: 오페라, 너무나 인간적인 너무나 기계적인〉 개최
2022년 10월	「비평과 해석 사이 시리즈 005『전자음악: 인식과 소통의 감感』」 발간
2023년 1월-6월	제72차-74차 정기 세미나 및 총회 개최
2023년 8월 18일	제7회 공개 학술포럼 〈오페라 속의 미학VII: 음악, 문화, 시대의 교차점에서: 오페라, 오페라〉 개최
2023년 10월 21일	제76차 공개 학술포럼 〈한국창작음악-비평과해석사이〉 개최
2023년 10월	「비평과 해석 사이 시리즈 006『문화융합: 소통과 공명의 합슴』」 발간
2024년 1월-6월	제77차-80차 정기 세미나 및 총회 개최
2024년 8월	「총서13: 오페의 위대한 여정: 탄생, 절정, 현재」 발간
2024년 8월 18일	제8회 공개 학술포럼 〈오페라 속의 미학VII: 오페라, 음악으로쓴 이간의 사유〉 개최
2024년 10월 19일	「비평과 해석 사이 시리즈 007『환경과 자연: 조화와 공생의 류流』」 발간 & 학술포럼 개최
2025년 1월-4월	제83차-84차 정기 세미나 및 총회 개최
2015년 6월 27일-28일	제85차 정기세미나 – 음미연 창립15주년 기념 워크숍
2026년 8월 22일	제9회 공개 학술포럼 〈오페라 속의 미학VII: 오페라가 끝난 순간, 진짜 오페라가 시작된다〉 개최

(사)음악미학연구회 회원명단

강성태(서울대 작곡과 이론전공 학사 및 석사과정)

강예린(서울대 공연예술학 박사과정)

강지영(독일 베를린예술대 박사, 서울대 강사)

권애영(서울대 음악학 석사과정)

김가온(서울대 음악학 석사과정)

김미영(독일 쾰른대 음악학 박사)

김서림(서울대 음악학 석사 및 박사과정)

김석영(서울대 작곡과 이론전공 학사 및 음악학 석사, 미국 텍사스 오스틴 대학교 박사과정)

김소이(서울대 음악학 석사)

김소정(서울대 공연예술학 석사 및 박사과정)

김연수(서울대 음악학 석사과정)

김예림(서울대 작곡과 이론전공 학사 및 석사, 박사과정)

김주희(서울대 음악학 석사과정)

노재현(프랑스 파리8대학 음악학 박사, 숙명여대 교수)

마들렌 포군크테(서울대 음악학 박사과정)

박성우(서울대 작곡과 이론전공 학사 및 음악학 석사, 독일 뮌헨대 박사과정)

박유미(서울대 음악학 박사, 영남대 겸임교수)

박진주(서울대 음악학 석사과정)

배묘정(서울대 공연예술학 박사, 서울대 강사, 서강대 트랜스내셔널인문학연구소 연구교수)

손민경(서울대 작곡과 이론전공 학사, 미국 노스웨스턴대 음악학 석사, 서울대 음악학 박사)

송예진(서울대 음악학 석사과정)

신예슬(서울대 작곡과 이론전공 학사 및 음악학 석사)

심지영(서울대 작곡과 이론전공 학사 및 석사, 미국 뉴욕시립대 박사과정)

오희숙(독일 프라이부르크대 음악학 박사, 서울대 교수)

우혜언(독일 뮌스터대 음악학 박사, 한국예술종합학교 강사)

원유선(서울대 음악학 석사 및 박사, 경희대 및 이화여대 강사)

유선욱(서울대 음악학 석사, 서울대 음악학 박사, 성신여대 강사)

유태연(서울대 작곡과 이론전공 학사, 서울대 음악학 석사)

윤예원(서울대 음악학 석사)

이민희(한국예술종합학교 음악학 석사, 서울대 음악학 박사)

이산하(서울대 작곡과 이론전공 학사, 서울대 음악학 석사)

이예지(서울대 석사 및 박사과정)

이용숙(서울대 공연예술학 박사, 오페라 평론가, 홍익대 교수)

이정민(미국 두크대 음악학 박사, 줄리어드 음악원 교수)

이지연(서울대 작곡과 이론전공 학사 및 음악학 석사, 미국 뉴욕시립대 박사, 미국 휴스턴대 조교수)

이창성(서울대학교 작곡과 이론전공 학사 및 석사과정)

이혜수(서울대 음악학 석사과정)

이혜진(서울대 음악학 석사 및 박사, 성신여대 교수)

이규빈(서울대 공연예술학 석사, 서울대 공연예술학 박사과정)

임수진(서울대 음악학 석사과정)

임현택(독일 바이마르대학교 음악학 박사, 국립부산국악원 학예연구사)

임혜숙(서울대 음악교육학 박사, 서울대 학습과학연구소 객원연구원)

장유라(중앙대 철학과 박사, 서울대 음악학 박사과정)

정다운(서울대 음악학 석사)

정은지(서울대 음악학 석사)

조민경(서울대 작곡과 이론전공 학사, 지휘전공 석사, 음악학 박사과정)

조수현(서울대 음악학 석사 과정)

조유경(미국 퀸스칼리지 학사, 일본 동경대 미학과 석사 및 박사)

조인희(서울대 음악학 석사과정)

지형주(독일 쾰른대 음악학 박사, 홍익대 교수)

진내량(서울대 음악학 박사, 중국 베이징음대 교수)

최진경(서울대 음악교육학 박사, 목포대 강사)

한상희(서울대 음악학 석사)

＊ 새싹회원 김주미(서울대 음악학 학사과정)

"아름다운 예술로
아름다운 내일을 열어갑니다"

세아이운형문화재단은 오랜 시간 순수 문화예술에 대한 열정으로 문화예술을 사랑하고 후원해왔던 세아그룹 故 이운형 회장의 뜻을 기려 2013년 세상에 태어났습니다. 예술에 대한 그의 열정을 오늘에 이어받은 세아이운형문화재단은 다양한 문화예술을 지원함으로써 예술인들의 열정과 노력의 가치를 더욱 높이고자 노력하고 있습니다.

다양한 문화예술과 학술연구를 지원함으로써 예술인·음악학자들의 열정과 노력의 가치를 더욱 높이고 오페라 인재 후원으로 가능성을 가진 영재들이 더 크게 성장할 수 있는 기회를 만들어 주며, 국내 오페라 저변을 확대시키고 있습니다. 또한 다양한 클래식 공연의 후원과 개최로 더 많은 사람들에게 아름다운 예술의 감동을 선사함으로써 이를 통해 대한민국 문화예술 활성화에 작은 디딤돌이 되고자 합니다.

아름다운 예술에 대한 세아이운형문화재단의 열정과 사랑이 내일의 세계적인 오페라스타를 배출하고 클래식의 대중화에 한발 다가서는 밑거름이 될 것이라 믿으며, 아름다운 예술로 아름다운 내일을 열어가는 일에 정성을 다하겠습니다.

■ 홈페이지 : http://woonhyungleefoundation.org/

후원사업
국내외 권위 있는 콩쿠르 입상 경력이 있는 성악가나 오페라 인재 가운데 심사와 추천으로 대상을 선정하여 세계적인 성악가로 성장할 수 있도록 다각도에서 지원합니다. 소프라노 황수미, 박혜상, 이명주, 여지원, 라하영, 문현주, 테너 김범진, 김승직, 신현식, 박기훈, 박회림, 이준탁, 바리톤 김주택, 최인식, 베이스바리톤 길병민, 지휘 데이비드 이를 후원했으며, 현재는 소프라노 김도연, 박성은, 손나래, 이은수, 최지은, 테너 손지훈, 이강윤, 황준호, 바리톤 김건, 김태한을 후원하고 있습니다.

학술연구지원
음악총서 발간 등 음악학 연구를 지원하며, 음악학계에 실질적인 지원활동을 추진하고 있습니다. 또한 음악학자들이 학문에 전념할 수 있도록 안정적 저술 환경을 제공하고 예술을 더 깊이 연구할 수 있는 토대를 만들어갑니다.

정기음악회 개최 〈세아이운형문화재단 음악회〉 개최
2015년부터 매년 정기 공연으로 '세아이운형문화재단 음악회'를 개최합니다. 오페라에 대한 대중의 관심과 이해를 높이고, 예술가들의 공연 활동 및 상호 교류의 장을 마련하고자 하는 취지에서 기획되었습니다. 특히, 이 공연에는 세아이운형문화재단이 후원하는 성악가들과 세계적인 성악가들이 함께하는 무대가 마련되어 그 의미를 더합니다.

지역음악회 개최 〈세상을 아름답게 하는 음악회〉 개최
군산, 부산, 창원, 충주 등 지역 시민을 위한 음악회를 기획 및 개최함으로 지역 시민들에게 문화예술을 향유할 수 있는 기회를 제공합니다. 대중적인 프로그램은 물론 다양한 클래식을 통해 예술과 친근해지고 소통하는 시간을 함께 나눕니다.

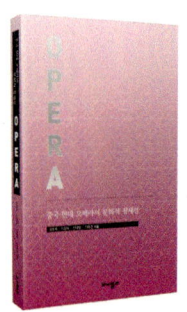

문화적 텍스트로서의 한국과 일본의 현대 오페라

오희숙, 이창숙, 진내량, 신혜경 지음 | 358쪽 |
신국판 | 18,000원 | 2021년 6월 30일 발행

왜 중국인가?

중국의 현대 오페라! 우리에게는 매우 낯선 영역이다. 한국의 현대음악도 대중들에게 잘 알려지지 않은 상황에서, 중국의 현대 오페라는 한국에서 거의 공연되지 않을 뿐만 아니라 학술적 연구도 드물다. 이 미지의 세계를 중문학자, 한국과 중국의 음악학자, 미학자가 함께 탐험해 보았다.

21세기 글로벌 시대에 들어서면서 '중국'이 정치·경제적으로 중요한 역할을 하는 상황 속에서, 이제 현대음악 분야에서도 중국의 뉴웨이브 경향이 주목받고 있다. 과연 중국의 긴 역사적 전통과 문학적 맥락은 서양음악과의 만남을 통해서 어떤 모습을 만들어내는가? 이러한 문제의식을 가지고, 이 책에서는 중국의 대표적인 현대 오페라 궈원징의 〈광인일기〉, 저우룽의 〈백사전〉, 탄둔의 〈진시황〉과 브라이트 셩의 〈홍루몽〉을 중심 연구대상으로 삼았다. 이 작품들은 모두 중국의 역사와 문화를 반영하는 주제를 가지고 있으며, 직간접적으로 중국의 전통문화와의 밀접한 관련성을 보여주고 있다.

중국의 현대 오페라는 어떤 문화적 정체성을 담고 있을까? 이러한 궁금증을 이 책에서 풀어보고자 한다.

문화적 텍스트로서의 한국과 일본의 현대 오페라

오희숙, 윤상인, 손유경, 조키 세이지 지음 | 236쪽 |
신국판 | 17,000원 | 2020년 4월 24 발행

'음악으로 문화 읽기'라는 아이디어에서 출발하여 음악학자와 문학 연구가가 함께 만나, 한국과 일본의 현대 창작오페라를 들여다보았다. 한국의 작곡가 이영조, 이건용, 최우정과 일본의 작곡가 단 이쿠마, 하야시 히카루, 호소카와 도시오!

이들의 작품에서 우리는 「청산리 벽계수」로 유명한 조선시대의 명기 황진이, 식민지 시대의 김유정 문학에 등장하는 악덕 영감, 살인을 저지르고 남에게 죄를 뒤집어씌우려는 술집 아가씨, 그리고 일본의 유명한 전설에 등장하는 은혜 갚는 학, 일본 근대 문학의 아버지로 꼽히는 나쓰메 소세키의 소설에 등장하는 고양이, 그리고 3.11 동일본 대지진으로 가족을 잃은 여인을 만날 수 있다. 전통적 민담과 문학작품, 드라마틱한 삶과 현실 사회의 모습 등 다양한 층위가 음악에 담겨져 있다.

이러한 맥락에서 이 책은 서로 다른 배경을 가진 한국과 일본의 음악학자와 문학 연구가가 '음악으로 문화를 해석하고 이해하자'는 문화적 텍스트로서의 한국과 일본 현대 오페라 공통의 관심사를 가지고 발간하게 되었다. 현대 오페라 연구를 통해 한국과 일본의 문화, 사회를 읽어 내고자 하는 것이 필자들의 바람이다.

도서출판 모노폴리 경기도 파주시 회동길 480 아트팩토리 B동 437호 | Tel. 031 944 6692 | Fax. 031 944 6693 | www.mpmusic.co.kr